1 MONTH OF
FREE
READING

at

www.ForgottenBooks.com

By purchasing this book you are eligible for one month membership to ForgottenBooks.com, giving you unlimited access to our entire collection of over 1,000,000 titles via our web site and mobile apps.

To claim your free month visit: www.forgottenbooks.com/free342671

ISBN 978-0-266-69123-5
PIBN 10342671

Die
Mimik des Denkens.

Von

Dr. Sante de Sanctis,

Professor der Experimentalpsychologie und Docent der Psychiatrie in Rom.

Autorisierte Übersetzung

von

Dr. Johannes Bresler,

Oberarzt an der Prov.-Heil- und Pflegeanstalt zu Lublinitz (Schles.).

Mit 44 Abbildungen im Text.

Halle a. S.

Verlag von Carl Marhold.

1906.

Einleitung.

Das Studium der Denkmimik.

Bei der Untersuchung solcher abnormer oder geistig gestörter Personen, welche sich infolge ihres krankhaften Zustandes nicht des sprachlichen Ausdrucks zu bedienen vermögen und mit denen man keine Unterhaltung führen kann, ist es stets schwierig, sich von ihrer Fähigkeit zur Aufmerksamkeit und zur Ueberlegung ein ganz klares Bild zu machen. Die Messung der Aufmerksamkeit mittelst der vielfältigen Methoden der Experimentalpsychologie kann sehr gute Resultate geben, jedoch ist nicht zu vergessen, dass, wie ich in verschiedenen meiner Arbeiten betont habe, mit dem Experiment nur die Versuchsaufmerksamkeit, d. h. die künstlich hervorgerufene und gewaltsam rege erhaltene Aufmerksamkeit eigens vorbereiteter Individuen gemessen wird.

Die Individualpsychologie benutzt zwar Prüfungsmittel von einer für die Messung der Aufmerksamkeit ausreichenden Schnelligkeit, aber es handelt sich dabei immer um ein nur allzu systematisch reducirtes Experiment über ein probemässiges Aufmerken.

Obgleich zwischen der Entwicklung des letzteren und der natürlichen Aufmerksamkeit, wie Consoni*) nachgewiesen hat, ein gewisser Parallelismus besteht, so ist doch nicht anzunehmen, dass mit der experimentellen Messung der einen bei

---

*) F. Consoni, La mésure de l'attention chez les enfants faibles d'esprit. Récherches expérim. in Archives de Psychologie Genf. 1903. — In dieser kurzen Einleitung beschränke ich mich auf die nothwendigsten bibliographischen Angaben.

1*

den Fällen, wo sie sich ausführen lässt, implicite die Messung
der anderen gegeben sei. Häufig zeigen sich die beiden Formen
der Aufmerksamkeit, ich möchte sagen, dissociirt; der
Hebephreniker, von dem im Kapitel 7 die Rede, ist hierfür ein
Beispiel.

Für die Psychopathologie und psychische Semiotik wäre
es gerade von grossem Werth, ein leichtes, schnell und allgemein anzuwendendes Verfahren zur Messung der natürlichen
Aufmerksamkeit d. h. derjenigen Fähigkeit des Aufmerkens zu
besitzen, welche ein bestimmtes Individuum bei seiner gewöhnlichen Beschäftigung, in der Unterhaltung und bei der spontanen Thätigkeit, der körperlichen wie der geistigen, an den
Tag legt.

Für diesen Zweck muss man sich jener spontanen, objec-
tiven Erscheinungen bedienen, durch welche sich der Zustand
der Aufmerksamkeit bei jedem Menschen zu bekunden pflegt.
Man müsste speciell durch Beobachtung ihre Gegenwart bei
Personen suchen, die ohne Vorbereitung und ohne ihr Wissen
unter günstige Versuchsbedingungen gebracht sind. Das wäre
ein sicherer Weg, um zu einem richtigen Urteil über ihre natürliche Aufmerksamkeit zu gelangen.

Der aufmerksame Mensch bietet in der That erkennbare
psychische Merkmale: der Uebergang aus einem Zustand der
Indifferenz in denjenigen des Aufmerkens wird durch eine
Veränderung in den Sinnesorganen, in den vegetativen und Be-
wegungserscheinungen bezeichnet. Aufmerken und Nachdenken
entsprechen der Richtung der ganzen Persönlichkeit auf ein
Objekt; die Aufmerksamkeit ist eine Anpassung.

In meinen Vorlesungen über Psychopathologie und psychische Semiotik habe ich oft in kurzen Zügen die spontane, äussere
Bekundung der Aufmerksamkeit zu beschreiben versucht und
auf meine Anregung hin wurde diesem Gegenstand von Dr.
Monasterio*) ein besonderes Studium gewidmet.

Welches sind nun die sichtbaren Zeichen, durch welche
sich die Aufmerksamkeit einer Person zu erkennen giebt?
Was die Psychologen (Mosso, Lehmann, Gley, Binet und

---

*) Preisarbeit, Rom 1902.

Courtier, Delabarre, Mac Dougall, Angell und Thompson, Patrizi, Kiesow, Vaschide, E. Meumann, Obici u. a.) betreffs der Athmung, der Circulation, des Blutdrucks, der Temperatur etc. darüber geschrieben haben, enthält offengestanden recht viel Widersprüche. Und da die Untersuchungen fast ausschliesslich unter Anwendung von Instrumenten und Apparaten (Plethysmograph, Cardiograph, Sphygmograph, Pneumograph, Sphygmomanometer u. s. w.) vor sich gehen, so lassen sie sich für die Erforschung der natürlichen Aufmerksamkeit gar nicht einmal verwenden.

Die Athmung ist während des Aufmerkens verlangsamt (Lehmann, Binet und Henri, Ribot u. a.). Nach Mac Dougall ist sie bei sinnlicher Aufmerksamkeit bald beschleunigt, bald verlangsamt; ersteres soll bei geistiger Inanspruchnahme (Rechnen) constant der Fall sein. Die Inspiration verkürzt sich, die Exspiration wird länger; die Athmung ist oberflächlicher, erschwert (Meumann), zeigt erhebliche und häufige Unregelmäßigkeiten und Schwankungen (H. Hirsch). Während einer ermüdenden Kopfrechnen-Aufgabe findet geringerer Gasaustausch in den Lungen statt, hingegen steigert er sich bei einer nicht ermüdenden geistigen Arbeit (Obici). Delabarre fand, dass bei Personen mit von Haus aus beschleunigter und kräftiger Athmung nennenswerthe Modificationen bei der Aufmerksamkeit nicht vor sich gehen, bei solchen mit schwacher Athmung aber eine deutliche Neigung zur Beschleunigung besteht. Einige Physiologen haben behauptet, dass die Schwankungen der Aufmerksamkeit von entsprechenden Schwankungen im Ablauf der Athmung und der Circulation begleitet würden (Meumann).

Was wir von der Betheiligung der Herzthätigkeit wissen, ist auch wenig präcis. Nach Gley, Hirsch u. a. ist sie bei der Aufmerksamkeit beschleunigt, nach anderen verlangsamt und dies sogar in sehr deutlicher Weise. Es scheint jedoch gewiss, dass beim Beginn des Aufmerkens, des sinnlichen wie des inneren, die Schnelligkeit des Pulses rapid zunimmt (Mac Dougall), obgleich sich manchmal auch das Gegenteil ereignen kann.

Der Blutdruck scheint unter dem Einfluss geistiger Arbeit in den peripheren Arterien zu steigen (Binet und Vaschide);

auch verengern sich (nach M o s s o, T h a n h o f f e r, G l e y u. a.) die peripheren Gefässe und erweitern sich diejenigen des Gehirns, weshalb das Volumen des letzteren zunimmt (M o s s o).

Die während der Aufmerksamkeit vor sich gehenden Pupillenerscheinungen sind nach neueren Experimenten und Beobachtungen ziemlich characteristisch. H e i n r i c h und M e n t z fanden, dass bei der inneren Aufmerksamkeit sich die Pupillen erweitern, die Linsen flacher werden und die Augenachsen sich parallel stellen; bald sollen auch die Augenmuskeln erschlaffen und ein der Accommodation entgegengesetzter Zustand eintreten. Bei der sinnlichen Aufmerksamkeit hingegen sollen sich die Pupillen contrahiren, wie hauptsächlich aus den Experimenten von H a a b und P i l t z hervorgeht.

M o n a s t e r i o stellte bei drei normalen Kindern und einigen normalen erwachsenen Personen, sowie bei sechs schwachsinnigen Kindern über den Zustand der sinnlichen (optischen und acustischen) wie inneren Aufmerksamkeit systematische Untersuchungen an. Folgendes sind in Kürze seine Resultate:

1. Die Tiefe der Athmung variirte bei allen Personen sehr erheblich.

2. Bei allen nimmt die Frequenz der Athmung gleichmässig zu.

3. Der Athmungsrhythmus neigt zu Unregelmässigkeiten.

4. Die Zahl des Radialpulses steigt, zeigt jedoch im Allgemeinen beträchtliche Schwankungen.

5. Die Pupille erfährt eine mehr oder weniger sichtbare Erweiterung.

6. Der Kniesehnenreflex wird lebhafter und stärker.*)

Es stand indess zu erwarten, dass die specielleren Symptome des aufmerksamen Zustands sich im Bereich des Muskelapparats finden würden. Nach M a c D o u g a l l neigen die Muskeln bei dem sinnlichen wie bei dem inneren Aufmerken zum Erschlaffen und überwiegen die Bewegungen der Extension. Nach der Mehrzahl der Psychologen werden Aufmerksamkeit und Nachdenken durch die Unbeweglichkeit der Person und die Fixirung des Blicks zum Ausdruck gebracht. „Die

---

*) Ich weiss nicht, ob vor mir und M o n a s t e r i o jemand bereits die Beschaffenheit der tiefen Reflexe während der Aufmerksamkeit untersucht hat.

allmähliche Hemmung der körperlichen Bewegungen, besonders
des Ganges, proportional dem Grade des Aufmerkens, das
Runzeln der Stirn und der Augenbrauengegend, eine eigenartige
Starrheit der Gesichtsmuskeln, der festhaftende Blick und die
Erweiterung der Pupille" sind nach Bianchi*) die muskulären
Merkmale, das sichtbare motorische Phänomen, an dem man
den aufmerksamen Menschen erkennt und das zweierlei Ursprung hat: „auf der einen Seite die Bewegung der Sinnesorgane, des Kopfes und des Rumpfes gegen den einwirkenden
Reiz, auf der anderen die Steigerung der spinalen Muskelinner-
vation (Tonus) wegen der Concentrirung der cerebralen Energie auf das Object der Aufmerksamkeit (Hemmung)". **)

Der Zustand der Muskelspannung, der Muskeltonus, wurde
schon von verschiedenen Psychologen, wenn auch unvollkommen
und mit einer wenig geeigneten Technik, analysirt; da es sich
jedoch um Untersuchungen handelt, welche den Gebrauch
specieller Apparate erfordern, so können wir sie für eine
Zeichenlehre der natürlichen Aufmerksamkeit nicht verwenden.

Es giebt aber während des Ablaufs der natürlichen
Aufmerksamkeit bei jedem beliebigen Individuum eine Gruppe
motorischer Phänomene, die sich leicht zerlegen und beobachten
lassen. Dies sind die mimischen Bewegungen. Die motorischen Erscheinungen, welche sich beim Aufmerken und
Nachdenken hauptsächlich an der Antlitzmuskulatur abspielen,
schienen mir ein wertvolles Material für die Semiotik zu bilden.
Sie sind bei weitem viel wichtiger als die Phänomene der Athmung, des Pulses, der Pupille, weil offenkundiger und ein-
deutiger.

Es drängte sich jedoch ein bedenklicher Einwand auf.
Besteht wirklich ein Zusammenhang zwischen dem Zustand
des Aufmerkens und dem mimischen Ausdruck? Kann man nicht
vielleicht aufmerken, und sehr gespannt aufmerken, ohne dass
sich in der Miene die aufmerksame Mimik ausprägt. Und andererseits, kann nicht ein lebhafter Gesichtsausdruck neben einem
leeren Bewusstsein bestehen? Sicherlich kann Umfang und

---

*) L. Bianchi, Trattato di Psichiatria. Theil II, pag. 220.
**) L. Bianchi, loc cit., pag. 221.

Stärke der mimischen Bewegung keinen Massstab abgeben für den Grad aufmerksamer Concentration; bei meinen Versuchen über die conative Aufmerksamkeit habe ich sehr oft auf dem Gesicht der Individuen den characteristischen Ausdruck kaum angedeutet gefunden. Dieser kann auch bis zu einem gewissen Punkte willkürlich unterdrückt werden und er fehlt fast immer, wenn versucht wird zu sprechen und zu schreiben, wie wenn die Thätigkeit der Sprachorgane und der Hand ein Aequivalent für die mimische Thätigkeit des Gehirns wäre. Das kann jedoch die Bedeutung des Bewegungsausdrucks bei der Aufmerksamkeit nicht einschränken.

Dass ferner die Grimassen eines Idioten oder die Manieren eines Hebephrenen der Aufmerksamkeitsmimik ähnlich sehen, ist nur höchst ausnahmsweise der Fall.

Wenn ich nun nicht irre, ist die Mimik der Aufmerksamkeit bisher noch nicht gebührend studirt worden. Die Psychologen haben sich vorzugsweise mit der theoretischen Seite der Frage beschäftigt. Die einen behaupteten, dass die die Aufmerksamkeit begleitenden motorischen Vorgänge die Aufmerksamkeit selbst sind (Ribot), während die anderen dies bestritten; an der Erörterung über die motorische Natur der Aufmerksamkeit betheiligten sich viele Gelehrte.

Nach den Physiognomikern haben Forscher wie Duchenne, Gratiolet, Darwin, Mantegazza, Piderit, Sikorski etc. die Linien für eine Analyse der Ausdrucksbewegungen vorgezeichnet und werthvolle Beiträge geliefert; andere Psychologen, wie Wundt, Baldwin, Morselli zogen aber vor, durch kritische Studien der von Darwin und Spencer festgelegten Prinzipien des Ausdrucks zur Kenntniss der bio-physiologischen Gesetze der Mimik beizutragen.

Mein Vorhaben war sehr viel bescheidener und mein Arbeitsprogramm musste daher ein enger begrenztes sein.

Es war vor Allem nöthig, Thatsachen zu sammeln, und dies habe ich im Laufe verschiedener Jahre gethan. Andererseits bot die Literatur sehr wenig. Die Literatur über den Gesichtsausdruck bei Gemüthsbewegungen ist sehr reich, diejenige der Mimik des von hervorstechenden affectiven Elementen losgelösten Denkens aber sehr spärlich und zerstreut.

Heutzutage jedoch kann man keine Function studiren ohne die Kenntniss des Organs, das sie ausübt, und über keine Function Schlüsse ziehen ohne mit der genetischen und vergleichenden Methode ihre Entwicklung bei der Art und den Individuen erforscht zu haben.

So hat sich der ursprüngliche Plan der Arbeit nach und nach erweitert und es wurde schliesslich ein Buch daraus, ein Buch, welches alles über die Mimik des Denkens (die sensorische oder äussere und die innere Aufmerksamkeit) bereits Bekannte zusammenfasst, welches die neuen, von mir persönlich gesammelten Thatsachen naturgetreu beschreibt und schliesslich das beigebrachte Material mit den gegenwärtigen wissenschaftlichen Kenntnissen vergleicht, um über diesen Gegenstand neue Gesichtspunkte aufzustellen, die ihrerseits weiteren Untersuchungen zum Ausgang dienen könnten. Dies war meine Absicht.

Der Grundcharacter meiner Arbeit, die hauptsächlich und im Wesentlichen eine Sammlung von Thatsachen sein soll, ist ihr jedoch bewahrt worden.

Ich habe mich speciell an die Methode der Beobachtung gehalten, nur in besonderen Fällen habe ich auf das Experiment zurückgegriffen.

Kürzlich hat Sommer*) bei der Untersuchung der die psychischen Zustände begleitenden motorischen Erscheinungen auch die Ausdrucksbewegungen der Stirnmuskulatur messen wollen. Unter Anwendung der in den psychophysischen Laboratorien üblichen Verfahren gelang es ihm leicht die Bewegung der Stirnhaut auf zwei schreibende Federn zu übertragen, die auf einen Kymographionzylinder entsprechend die horizontalen und verticalen Bewegungen aufzeichneten. Der Versuch ist lobenswerth, aber ich glaube, dass das Experiment nur in bestimmten Fällen von Bedeutung sein kann, wie wir noch sehen werden. Am meisten empfiehlt sich noch immer die alte Methode von Leonardo, der in seinem Lehrbuch der Malerei rieth, sorgfältig die Stellung und die Geberden der Menschen bei der Unterhaltung, beim Lachen, Weinen, in der Erregtheit

---

*) R. Sommer, Beiträge zur psychiatrischen Klinik. Vol. I, No. 3, November 1902.

zu beachten und zu beobachten und sie sofort mit kurzen Federstrichen aufzuzeichnen. Nur kann man heute, um das beim Zeichnen sich einschleichende, der Naturtreue nachtheilige subjektive Moment zu vermeiden, sich der Photographie bedienen.

Eine sich auf zahlreiche Individuen erstreckende, vergleichende Beobachtung und die Anwendung der Photographie und Kinomatographie leisten meiner Meinung nach mehr als irgend welches Experiment, weil dieses die Personen unter künstliche und vereinbarte Bedingungen stellt.

I. Capitel.

Affektmimik und Gedankenmimik.

Wehmuth und Freude, Hass und Liebe, alles was uns bewegt, erregt, erheitert oder niederdrückt, spiegelt sich unwillkürlich auf unserem Antlitz wieder. Hier redet in jedem Augenblick mit flüchtigen Geberden und feinen Bewegungen die Geschichte der Seele. Aber nicht immer ist es das Gefühl, das unser Denken beherrscht, nicht immer quält uns der Schmerz und lacht uns die Freude. Es giebt Momente, wo der klare und reine Gedanke thätig ist und Gefühl und Leidenschaft schweigen, der Mensch sich einer Arbeit widmet, denkt, beobachtet, forscht, sinnt, überlegt.

Nun fragt der Psychologe: prägt sich diese stille Arbeit des Denkens auf dem Gesicht in Geberden und Muskelbewegungen aus? Gewiss. Wenn auch ein Denken bei indifferenter Gemüthsverfassung kaum begreifbar ist, so steht es doch außer Zweifel, dass Aufmerken, Forschen, Nachdenken während relativer Ruhe des Gemüths stattfinden kann.

Jeder von uns vermag aus dem Gesichtsausdruck zu erkennen und zu unterscheiden, ob Jemand, — nicht nur ein Bekannter, sondern sogar ein Fremder — sich in einer Gemüthsbewegung, unter dem Einflusse einer physischen oder moralischen Lust oder Unlust befindet oder ob seine Sinne und seine Gedanken ruhiger Arbeit nachgehen.

Geht man jedoch der Sache tiefer auf den Grund, so taucht bald ein Zweifel auf, ob die Stärke des Gesichtsausdrucks nicht vielmehr zu der Stärke des das Denken begleitenden Affekts in Beziehung steht, als zu der Stärke der reinen Verstandesarbeit und dass es daher nicht das Denken an sich ist, das sich durch mimische Bewegungen des Gesichts offenbart, sondern nur der affektive Zustand, der, wenn auch in geringem Grade, neben dem Denken einhergeht. Und da der Affekt des Denkens oft depressiver Natur ist, insofern Denken Arbeit, Arbeit Ermüdung und Ermüdung Schmerz bedeutet, so kann man auch fragen, ob nicht das, was ich Mimik des Denkens nenne, schließlich nur ein a b g e s c h w ä c h t e r Ausdruck der Ermüdung ist.

Die Frage ist gewiss sehr schwierig, zumal das Denken thatsächlich innig mit affektiven Zuständen verbunden und jeder Akt des Aufmerkens die Bethätigung eines Strebens ist, wie es schon lange die englischen Psychologen und R i b o t *) aufgefasst haben.

Man hat auch auf Grund des Studiums der die Verstandesthätigkeit begleitenden respiratorischen und circulatorischen Phänomene angenommen, dass diese nicht die Parallele zu der Denkarbeit, sondern zu der damit einhergehenden Emotion sind.

Die Physiologie ist noch nicht soweit vorgeschritten, um die physikalischen Begleiterscheinungen des von Emotion und Bewegung freien Denkens zu bestimmen. Dass solche vorhanden sind, steht im Hinblick auf das Gesetz des psychophysischen Parallelismus ausser Zweifel. Indessen ist M o s s o auf Grund seiner Experimente über die Temperatur des Gehirns zu dem Schluss gekommen, dass die Wärmemenge, welche sich in dem Gehirn während der von Emotion freien Denkthätigkeit entwickelt, so gering ist, dass sie ausser Acht gelassen werden kann. S p e c k , B u n g e , H a l l i b u r t o n und Andere erklären, dass die psychische Thätigkeit auf den Stoffwechsel keinen Einfluss hat, und B e l m o n d o gewann aus seinen Experimenten die Ueberzeugung, dass der Denkvorgang überhaupt keine Arbeit, sondern nur die Vorbereitung zu einer Arbeit ist. **)

---

*) R i b o t , Psychologie de l'attention Paris 1889.
**) Mit dieser Frage beschäftigte ich mich in einem Vortrag: Die wissenschaftlichen Grundlagen der Psychopathologie. Rivista di scienze biologiche. Nr. 1, 2. Vol. II. Como. 1900. Genaueres findet man in G. von B u n g e , Lehrbuch der Physiologie des Menschen. Leipzig 1901, vol. II (V. Auflage seines berühmten Werkes: Lehrbuch der physiologischen Chemie).

Es war die alte Idee von Armand Gautier, der noch jetzt (1902) auf der Ansicht besteht, dass die geistige Thätigkeit kein mechanisches Aequivalent haben könne und dass eine und dieselbe Summe von Energie sich entfaltet, ob das Geschöpf denkt oder nicht denkt. Kürzlich haben Angell und Thompson, zwei amerikanische Forscher, die physikalischen Begleiterscheinungen des Akts des Aufmerkens und hauptsächlich die Veränderungen des Kreislaufs und der Athmung aufgefasst nicht als die physische Seite dieses Akts, sondern nur als den Index des Ersatzes, welchen der Organismus gegenüber dem durch die psychophysische Arbeit bedingten Konsum schafft. *) Eine Auffassung, die zwar nicht gegen das Prinzip des psychophysischen Parallelismus bei dem Vorgang des Aufmerkens verstösst, sicherlich aber nicht zur Klärung der Sache beiträgt.

Diese rein wissenschaftlichen Betrachtungen lassen sich auf einige Momente des praktischen Lebens anwenden.

Die Thätigkeit des Denkens erzeugt, selbst wenn sie sich bei völligem Schweigen der Affekte und ohne erhebliche Muskelarbeit abwickelt, eine gewisse minimale Müdigkeit. Jene starken Geister, welche bei ihrer Arbeit jede bemerkenswerthe Bewegung des Gemüths automatisch zu unterdrücken in der glücklichen Lage sind, besitzen eine unvergleichlich

---

*) J. R. Angell und H. B. Thompson: A study of the relations between certain organic processes and consciousness. (The Psycholog. Review, Januar 1899). — Ich brauche nicht zu bemerken, dass nach der Behauptung anderer Beobachter in der That die reine Aufmerksamkeit ihr physisches Correlat in Veränderungen der vasomotorischen und respiratorischen Funktionen, des Stoffwechsels etc. hat, und nenne nur: Lehmann, Die körperlichen Aeusserungen psychischer Zustände, Leipzig 1899, mit Tafeln; und aus neuester Zeit Fred. G. Bonser, A study of the Relations between Mental Activities and the Circulation of the Blood, in Psychological Review, März 1903. Letzterer studirte auch die intellektuelle Aufmerksamkeit (Rechenaufgaben, Memorirübungen usw.) und wiederholte die Experimente von Lehmann. Er schliesst, dass die intellektuelle Aufmerksamkeit und nicht bloss die geistige Ermüdung wirklich von Modificationen der Circulation begleitet ist. Bei mehreren Individuen zeigten sich während anhaltender geistiger Thätigkeit an den Kurven die Traube-Hering-schen Wellen. Dieselben entsprechen den Schwankungen der Schärfe bei den optischen und acustischen Wahrnehmungen, und zwar fällt die grösste Schärfe hinter das Maximum der Gefässverengerung.

höhere Widerstandskraft als diejenigen Menschen, bei welchen kein Gedanke ohne gleichzeitige leise seelische Erregung von statten geht. So giebt es Künstler, deren Schaffen ihre Lebenskraft verzehrt, und andere, die unter der Arbeit nicht leiden. Manche fruchtbare Dichter produciren unaufhörlich ohne einen entsprechenden organischen Aufwand, weil ihre Leidenschaft nur in der Phantasie lebt, andere hingegen unterliegen sehr bald als Opfer des Gefühls, das sie beherrscht, der Gemüthsbewegungen, welche jeglichen Gedanken, jedes Phantasiegebilde begleiten.

Bekanntlich hat D i d e r o t in seiner Schrift: Paradoxe sur le Comédien behauptet, dass der Schauspieler, um einen grossen Effekt zu erzielen, die dargestellten Erregungen nicht empfinden darf. H o r a z war allerdings anderer Meinung! Aber abgesehen von den Gründen, mit welchen D i d e r o t seine Behauptung stützt, scheint mir diese nicht so paradox wie B i n e t *) und theilweise auch die von ihm befragten Schauspieler glauben, wenigstens hat sie manches Thatsächliche für sich. Gewiss kann man nicht sagen, dass es Künstler giebt, die selbst in den bewegtesten Augenblicken ihres künstlerischen Schaffens völlig ruhig bleiben, aber es bestehen zwischen den einzelnen Künstlern hinsichtlich Effekt und Begabung grosse Unterschiede.

Unzweifelhaft giebt es Kopfarbeiter, bei denen der Verstand das Gefühl bemeistert, bei denen die Hemmungsvorrichtungen des Nervensystems auf die Centren und Bahnen der visceralen Sensibilität einwirken, deren Erregung, als die nothwendige Grundbedingung für jede gefühlte Gemüthsbewegung, andere denkende Personen zum Opfer ihrer Arbeit macht. Wer wollte z. B. die Desclée oder Eleonore Duse mit Sarah Bernhardt vergleichen? Auch W. A r c h e r **), der vor B i n e t bei den Schauspielern eine Enquête veranstaltete, traf einige, welche die künstlerische Emotion darstellten, ohne sie zu empfinden, und andere, welche davon mächtig ergriffen wurden.

---

*) B i n e t, Réflexions sur le paradoxe de D i d e r o t, in Anneé psychologique, III. Jahrgang, pag. 279. Paris 1897.
**) A r c h e r, citirt von W. Jamer in seinen: Grundzügen der Psychologie.

Das Diderot'sche Paradoxon scheint in physiologischer Hinsicht eine wichtige Vorschrift geistiger Hygiene zu enthalten!

So schwach und so wenig merkbar auch die physischen Begleiterscheinungen der geistigen Thätigkeit sein mögen, thatsächlich kann nicht geleugnet werden, dass auch die Aufmerksamkeit und das reine Denken mit Muskelbewegungen und -spannungen einhergehen.

Es kann kein Denken ohne Entäusserung geben: es ist ein Wort oder eine im Entstehen begriffene Handlung, d. h. der Anfang einer Muskelthätigkeit (Setchenoff, Ribot). Es handelt sich um eine diskrete, meist auf einen kleinen Theil des Gesichts beschränkte Mimik, während die emotionelle Mimik weit stärker und ausgebreiteter ist. — Kurz, es handelt sich um sehr feine Bewegungen; ja das Denken kann sogar auf dem Gesicht abgelesen werden, wie es ja von empfindlichen und geübten Leuten, den bekannten Gedankenlesern, als ein leichtes Vibriren sogar in den unbewussten und schwächsten Bewegungen der Hand gefühlt wird.

Ich glaube, dass alle unsere Gedanken nur eine mehr oder weniger harmonische Combination von affektiven und intellectuellen Elementen ist. Wenn das gewohnheitsgemäße Vorwalten der einen oder der anderen dem Charakter eines Jeden ein besonderes Gepräge verleiht, so ist es doch gewiss, dass bei allen Menschen die Glieder dieser Combination einem beständigen Wechsel unterliegen.

Es findet eine ununterbrochene Abstufung statt von denjenigen psychischen Zuständen, mit welchen sich ein deutliches emotionelles Element verbindet, bis zu denen, die nur von jenem sogenannten intellectuellen Gefühl, oder von der idealen Lust, wie es Ward und die Herbart'sche Schule nennen, begleitet sind, ein Gefühl, das eine Art Verfeinerung der Wissbegierde ist, ein Lustgefühl allerdings, aber ein sehr vergeistigtes, blasses, undeutliches, da jedes Gefühl Kraft und Farbe verliert in dem Maasse als es ein verstandesmässiges wird.*) Von diesem Niveau erhebt es sich noch weiter zu

---

*) Cfr. Ribot, La psychologie des sentiments. Paris 1896, pag. 19.

einer Höhe, die, zwar nur für einige Bevorzugte oder für Abnorme, für echte Heroen des abstracten Denkens, erreichbar,
dennoch uns fassbar ist, zu der Höhe eines vollständig ruhigen
indifferenten Denkens, ähnlich den indifferenten Empfindungen Wundt's, zu einer Indifferenz des Gefühls, einem
·Schweigen jener organischen Funktionen, die sich in den Zuständen der Erregung zu steigern pflegen.

Aber auch das Umgekehrte ist der Fall.

Ich theile die Meinung jener Psychologen, welche die
Existenz reiner, von jeglichem intellectuellem Element freier
Affektzustände annehmen, nur muss man diese Reinheit und
Autonomie als eine relative verstehen. Bei gewissen Vergiftungen und psychopathischen Zuständen sehen wir die
Freude, die Traurigkeit, die Furcht fast gänzlich von Vor-
stellungsbestandtheilen losgelöst: die Euphorie der Trunkenen
und der Paralytiker, die trübe Stimmung der Melancholiker
oder mancher Degenerirter, die Angst der Psychastheniker
stellen oft einen Affektzustand ohne verstandesmässiges Motiv
dar. Auch hier giebt es also eine ununterbrochene Reihe von
Zuständen; von demjenigen, wo das Affektive und das Intellectuelle sich das Gleichgewicht halten, geht es schrittweise über
zu dem völligen Schweigen der vorstellenden Thätigkeit und
zu der reinen, fast gedankenlosen Gemüthsbewegung in ihrer
elementaren Form der Lust oder des Schmerzes.

Das Wunderbare ist, dass in beiden Fällen, wenn das
Extrem erreicht wird, identische Erscheinungen eintreten.
Graphisch liesse sich das mittelst eines Kreises darstellen. An
einem Punkte desselben denke man sich die affektiven und
intellectuellen Elemente in der Bilanz, wie beim gewöhnlichen
Denken. Hier beginnen nun die beiden Serien sich zu trennen
und schlagen einen divergirenden Weg ein, sich allmählich
von dem intellectuellen, beziehungsweise affectiven Element
reinigend, bis sie sich im entgegengesetzten Pole vereinigen,
wo die Emotion einerseits, das Denken andererseits, ihre relative Reinheit und Autonomie wiedererlangen.

Der Ausdruck folgt nun genau dem Kreise; lebhaft und
charakteristisch in den starken Affectzuständen wird er schwach
bei den höheren Gefühlen und schwindet fast gänzlich, wenn

jede merkbare organische Resonanz zu schweigen scheint und die klare und reine Gedankenthätigkeit vor sich geht. Am Vereinigungspunkt der beiden Serien wird auch die Mimik einförmig und gleichförmig. In der That, bei dem mächtig auf eine Idee concentrirten Denken vermischt sich der Ausdruck mit demjenigen der höchsten, von den Zügeln jedweder Vorstellung freien Emotion. Die Mimik der Ekstase ist ebensosehr eine Mimik der Vorstellung als eine solche der geheimnisvollen Freude. Verräth die vollentwickelte Ekstase die er-

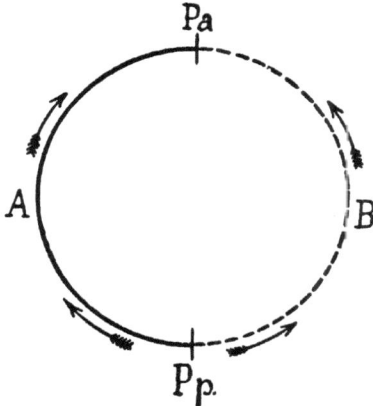

Fig 1. *Pp.* Ausgangspunkt der divergirenden psychischen Reihen; *Pa.* Convergenzpunkt derselben; *A., B.* Verlauf der Serien.

reichte E i n s h e i t des Denkens, so können wir uns vorstellen, dass in ihr auch die mimische Unificirung der denkenden und affektiven Abstraktion stattfindet.

Manchem wird diese meine Analyse vielleicht etwas gekünstelt erscheinen. Aber wenn auch ein von jeder Gemüthsbewegung losgelöster Gedanke und eine von jeglichen Gedanken freie Gemüthsbewegung mehr eine Abstraktion sind als der Wirklichkeit entsprechen, so scheint es mir doch für die Psychologie nützlich, die in gewissem Sinne antithetische Unterscheidung von Affekt und Gedanken aufrecht zu halten, wie das kürzlich auch S p e n c e r bemerkt hat*).

Dementsprechend ist es nöthig, einen Gefühls- und einen Gedankenausdruck anzunehmen, beide von einander bis zu

---

*) Spen'cer, Facts and Comments. 1902.

einem gewissen Punkte verschieden und unabhängig. Die Mimik
des Denkens umfasst ihrerseits 1. diejenige des Aufmerkens
oder der sensorischen Aufmerksamkeit, 2. die intellectuelle oder der inneren Aufmerksamkeit, des Nachdenkens.

Nach diesen einleitenden Erörterungen wird man sich alsbald davon überzeugen, dass über die Mimik des Denkens
Forschungen überhaupt nicht existiren, während die Literatur
über den emotiven Gesichtsausdruck sehr reichhaltig ist.

Da die Grenzen zwischen jener und dieser conventionelle
sind, so haben die älteren wie die neueren Autoren in ihren
Werken immer beide vermengt beschrieben, und da die emotionelle Mimik ausdrucksvoller und lebhafter ist als die des
Denkens, so kam es, dass sich Alle mit ersterer beschäftigt
haben, auf das Studium der letzteren aber nur wenig Zeit
und Mühe verwendet wurde. Einen Beweis hierfür finden wir
in der Kunst. Die Darstellung von Menschen mit dem Ausdruck des Aufmerkens ist in der Malerei und Skulptur viel
seltener. Demselben wird immer ein emotionelles, die Gestalt
stärker belebendes und beseelendes Moment beigefügt. Der
blosse Gedankenausdruck tritt in der Kunst wenig zu Tage.

Die Physiognomiker aller Zeiten, von Aristotelos und
Plato bis zu G. B. della Porta, Cardanus, Lavater
beschäftigten sich vorwiegend mit den statischen Formen des
menschlichen Gesichts, nicht mit dessen Veränderungen in
gewissen besonderen Zuständen des Geistes und des Gemüths.
Die alten Physiognomiker interessierte vor Allem das Studium
der Gesichts-Liniendeutung: mit der gerichtlichen Astrologie,
der astrologischen Physiognomik und ähnlichen Verirrungen beschäftigten sich nicht selten selbst grosse Geister. Wenn auch
nicht alle Physiognomiker an diesen Vorurtheilen hingen, so
spürt man doch in ihren Werken wenig von Anatomie und
Physiologie. Von diesem Mangel geben beredtes Zeugniss die
Gestalten des della Porta, die Zeichnungen des Malers
Lebrun, ja sogar die vielen reichhaltigen Tafeln von
Lavater.

In den Werken des grossen Physiologen Ch. Bell*), sowie in denen Duchenne's**), Gratiolet's***), Piderit's†)
sind die Grundlagen für ein wissenschaftliches Studium der
Mimik des Denkens geschaffen. Gratiolet sagte: „... die Sinne,
die Vorstellung und selbst der Gedanke, so erhaben, so ab-
strakt wie man ihn hält, können nicht thätig sein, ohne ein
entsprechendes Gefühl wachzurufen und ohne dass dieses Gefühl sich überträgt auf alle Sphären der äusseren Organe, die
alles an den Tag bringen...."

Das unvergleichliche Buch von Darwin††) über den
Ausdruck der Gemüthsbewegungen kann noch jetzt, dreissig
Jahre nach seinem Erscheinen, als die sicherste und maß-
gebendste, wenn auch nicht reichhaltigste Quelle von Beobachtungen über die Mimik des Aufmerkens betrachtet werden.

Nach Darwin hat sich so gut wie Niemand in gründ-
licher Weise mit unserem Gegenstand beschäftigt. Die moderne Literatur über die Mimik des Denkens ist sehr spärlich;
in den Büchern über die Gemüthsbewegungen findet sich hier
und dort eine Bemerkung, kurze Hinweise bei Meynert†††),
Hughes *†), wenige, aber wichtige Seiten bei Mantegazza*††)
und sonst nichts.

---

*) Ch. Bell, Anatomy and philosophy of expression. 1806.

**) Duchenne (de Boulogne), Mécanisme de la physionomie hu-
maine ou analyse électrophysiologique de l'expression des passions. Paris
1876.

***) Gratiolet, De la Physionomie et des mouvements d'expression.
1865.

†) Piderit, Wissenschaftliches System der Mimik und Physiognomik. 1867.

††) Darwin, der Ausdruck der Gemüthsbewegungen bei Menschen
und Thieren.

†††) Meynert, Mechanik der Physiognomik. 1888.

*†) H. Hughes, Die Mimik des Menschen. 1900.

*††) P. Mantegazza, Physiognomik und Mimik. II. Ausgabe.
Mailand 1889. Nur in diesem Werke habe ich eine besondere Studie über
die Mimik des Denkens gefunden; Kap. XVI ist speziell diesem Thema gewidmet. Kap. I. enthält eine historische Skizze über die Studien der
menschlichen Physiognomie und Mimik. Die historische Seite findet sich auch
sorgfältig bearbeitet in Cuyer, La mimique, Paris 1902, Kap. II.

Capitel II.

Muskel- und Nervenapparat der Denkmimik.

Aus den Contractionen der Gesichtsmuskeln und den dadurch entstehenden Hautfalten kann man auf die Gemüths- und Geistesbeschaffenheit wichtige Schlüsse ziehen. Nach Duchenne (1. c.) soll die Contraction eines einzigen Gesichts- muskels genügen, um einen bestimmten Gemüthszustand zum Ausdruck zu bringen. Dieser berühmte Arzt versetzte durch den elektrischen Strom die Muskeln des Antlitzes, einen nach dem anderen, in Contraktion und machte von dem jedesmal dadurch erzeugten Gesichtsausdruck eine photographische Auf- nahme zum Zweck physiognomischer Studien. Aus seinen Be- obachtungen folgerte er, dass jede Emotion ihren bestimmten, eigenthümlichen Ausdruck in einer einzigen örtlichen Veränderung findet. So ist nach ihm der Stirnmuskel derjenige der Auf- merksamkeit, der obere Theil des Orbicularis oculi derjenige des Nachdenkens, ebenso wie der pyramidenförmige Muskel der Nase das Drohen, der Zygomaticus major das Lachen, der Zygomaticus minor das Weinen, der Triangularis des Kinns die Missachtung usw. zum Ausdruck bringt.

Die Anordnung der dauernden Hautfalten im Gesicht Er- wachsener dürfte die Richtigkeit der Theorie Duchenne's be- stätigen.

Taine sagte von einer Frau: „Sie hat so viel gelacht, dass sie schon mit 28 Jahren um die Augen und die Lippen kleine unmerkliche Runzeln zu bekommen anfängt." Wie es Personen giebt, die bei unbewegter Physiognomie gewohnheitsmäßig, sei es Schmerz — mit Erhebung des inneren Winkels der Augen- brauen, oder Lust — mit Falten im unteren Augenlid und mit einer deutlichen Spannung des grossen Zygomaticus, ausdrücken, so giebt es andere, die auf ihrem Gesicht stereotyp die Miene des Aufmerkens zu zeigen scheinen und durch permanente Falten einiger Gesichtsmuskeln ihre Gewohnheit zu denken verrathen. So erscheint Leonardo in seinem Selbstporträt in Florenz, so Beethoven, Joh. Müller, Nietzsche, Ibsen, Björnson, in ihren bekannten Porträts. V. Hugo und andere Dichter beschrieben die senkrechten Stirnfalten bei Menschen, die viel nachdenken, oder bei genialen Geistern. M. Féré lenkte die Aufmerksamkeit der Irrenärzte auf die Falten, die sich im Laufe der Zeit um die Augen und in der Nähe der Ohrmuscheln bei Gesichts- und Gehörshallucinanten bilden.

Besteht nun zwischen den einzelnen Hautmuskeln jene Unabhängigkeit des Ausdrucks, welche Duchenne annahm und experimentell nachzuweisen suchte?

Nehmen wir ein Beispiel:

„Der Zygomaticus major", sagt er, „ist der einzige Muskel, welcher die Freude vollständig in allen ihren Abstufungen und allen Nüancen ausdrückt, von dem einfachen Lächeln bis zum hellen Lachen. Er erzeugt keinen anderen Ausdruck."

Das ist offenbar nicht richtig. Denn man lacht doch wohl auch mit dem unteren Orbicularis palpebrarum. Bei dem lachenden Säugling ist nicht nur der Zygomaticus major, der Risorius Santorini thätig, sondern fast alle Muskeln des Kopfes. Sehr treffend sagt daher Labruyère: ore, vultu, voce, denique ipso toto corpore ridetur. Es lässt sich in der That nicht leugnen, dass sämmtliche Muskeln des Kopfes und Antlitzes zur physiologischen Solidarität hinneigen.*)

Nach Duchenne soll der Stirnmuskel die auf äussere Objecte concentrirte Aufmerksamkeit, d. h. die sensorische ausdrücken, aber auch diese Behauptung hält offenbar der Kritik nicht stand.

Wir werden sehen, dass die Aufmerksamkeit durch die blosse Haltung des Kopfes ebenso wie durch die Anspannung der gesammten Muskulatur des Gesichts zum Ausdruck kommen kann. In Wirklichkeit werden fast alle Ausdrucksformen des

---

*) Cfr. Raulin: Le Rire et les exhilarants. Paris 1900.

Gesichts durch die gleichzeitige Contraction mehrerer Muskeln bestimmt, was vom biologischen Standpunkte nach Darwin sich aus dem Prinzip der Verbindung zweckmäßiger Gewohnheiten erklärt, anatomisch betrachtet durch den Mangel einer genauen Differenzirung zwischen den verschiedenen Zellgruppen bedingt ist, aus denen der Kern des Nerv. facialis sich zusammensetzt.

Fassen wir jedoch den allgemeinsten Fall ins Auge und versuchen wir die Aufmerksamkeitsmimik des erwachsenen Menschen auf ein einfaches Schema zurückzuführen, so zeigt sich bald, dass die Idee Duchenne's eine streng wissenschaftliche Grundlage hat.

Die Aufmerksamkeit wird vorwiegend durch die Thätigkeit des M. frontalis, orbicularis palpebrarum und superciliaris ausgedrückt. Zu diesen ihren äusseren Werkzeugen kommt das Gehirn und die der Erregung der genannten Muskeln dienenden Nerven.

Die Aufmerksamkeit, als geistige Thätigkeit betrachtet, hat also ihre mimischen Organe wie solche auch die Emotionen besitzen. Hieran muss man besonders festhalten, denn eine Funktion würde immer dunkel bleiben, wenn das ihr entsprechende Organ nicht genau bekannt ist.

a. Der Muskelapparat der Denkmimik. Spuren der mimischen Muskulatur finden sich schon bei den niederen Wirbelthieren; eine höhere Entwicklung erreicht sie aber erst bei den Säugethieren; diese geht gleichen Schritt mit der Vervollkommnung des Gehirns und der psychischen Funktionen. Alles drängt zu der Annahme, dass phylogenetisch die mimische Muskulatur von der Region des Halses und des Kiefers stammt; von hier schreitet sie zur Mund- und Ohröffnung weiter und später zum Auge, zur Nasenöffnung, zur Stirn- und Schläfengegend. Den Nachweis dieser Entwicklungsfolge verdanken wir Ruge[*]).

---

[*]) G. Ruge, Untersuchungen über die Gesichtsmuskulatur der Primaten. Leipzig 1887. Cfr. Karl Gegenbaur, Vergleichende Anatomie der Wirbelthiere etc., I. Bd., Leipzig 1898, pag. 618, Morphologie und Entwicklung der Muskulatur des Kopfes bei den verschiedenen Thieren und beim Menschen. Die Abbildungen von Ruge sind zum Theil von

Das Platysma myoides, der Hautmuskel des Halses, bildet den Ausgangspunkt des grössten Teils der oberflächlichen mimischen Muskeln (Gegenbaur). Vom Arcus hyoideus erstreckt sich der Hautmuskel des Halses allmählich bis zum seitlichen Teil des Kopfes und in der Höhe des Ohrs theilt er sich in zwei Bündel, ein hinteres, welches das den Nacken bedeckende stratum occipitale bildet, und ein vorderes, das Gesichtsbündel, welche sich strahlenförmig nach dem Munde und der Augenhöhle begiebt.

Bei diesem Punkte der Entwicklung angelangt, differenziren sich die Hautmuskeln beim Menschen und werden von einander unabhängig. Die Gemeinsamkeit des Ursprungs verräth sich aber auch ferner darin, dass sie ebenso wie das Platysma vom siebenten Gehirnnervenpaar innervirt werden, das zum Arcus hyoideus gehört. Das Platysma ist ausserdem nicht selten mit den mimischen Muskeln durch Muskelbündelchen verknüpft, die von einzelnen Anatomen für Anomalien gehalten werden, jedenfalls aber den Zusammenhang zwischen diesen und jenem bestätigen.

Die Differenzirung der verschiedenen mimischen Muskeln aus dem Platysma ist ziemlich complicirt. Gegenbaur*) giebt davon eine erschöpfende Beschreibung mit Abbildungen und Schematas. Es genügt hier darauf hinzuweisen, dass die einzelnen Schritte der Differenzirung sich bei den Affen in ebenso vielen morphologischen Entwicklungstypen sozusagen fixirt wiederfinden. Bei ihnen haben in der That, wie Ruge treffend dargethan hat, die Gesichtsmuskeln eine sehr primitive und einfache Anordnung. Das Platysma ist bei den Anthropoiden und den niederen Affen stark entwickelt; es giebt an den Musculus triangularis und an den Musculus quadratus labii inferioris der gleichen Seite Fasern ab. An der unteren Fläche des Platysma des Schimpansen fehlen circuläre Muskelfasern, welche an die tiefere Schicht der mimischen Muskulatur, d. h. den Sphincter colli erinnern, von dem nach Ruge constant

---

Gegenbaur reproduzirt. Vergl. auch R. Wiedersheim, Lehrbuch der vergleichenden Anatomie der Wirbelthiere etc. Jena 1882, mit reichhaltiger Literatur.

*) Cfr. cit.

Spuren bei den Anthropomorphen vorhanden sind. Sperino*)
meint, dass beim Schimpansen auch der Musculus transversus
menti fehlt, während er nach Ledouble hier zu finden ist.

Der Orbicularis palpebrarum in seiner unteren Hälfte, der
Zygomaticus, der obere Theil des Platysma und der Musculus
auriculo — occipitalis sind bei den niederen Primaten noch
stark verschmolzen; den Frontalis dagegen sehen wir schon
bei den Demuren vom Platysma getrennt, während der Superciliaris, der Depressor supercilii (Theil des Orbicularis palpebrarum) und der oberflächliche Levator labii jüngern Datums
in der Geschichte der Entwicklung sind. Schon Bischoff**)
studirte die Hautmuskeln des Gesichts bei den höheren Affen
und kam zu dem Schluss, dass der Mensch sich von ihnen
speziell durch die starke Entwicklung und Differenzirung seiner
Gesichtsmuskeln unterscheidet. Ueberhaupt haben die Anatomen, Rex, Ledouble, Gegenbaur, Popowsky, Sperino und vor Allem Ruge, gezeigt, dass die Differenzirung
der mimischen Muskeln aus dem Platysma immer vollkommener
wird, je weiter die Stufenleiter von den niederen Affen zu den
vier Anthropoiden (Gibbon, Schimpanse, Orangutang, Gorilla)
und zum Menschen hinaufführt. ***)

Die Entwicklung der mimischen Muskeln schreitet aber
nicht nur von dem anthropoiden zum menschlichen, sondern
auch vom niederen menschlichen Typus zum höheren vorwärts;
sie geht vom einfachen zum complicirten, von der Ver-
schmelzung zur Differenzirung. Wenn auch die Autoren,
welche sich mit den Muskelunterschieden bei den Rassen
beschäftigten, z. B. Testut†), ihre Untersuchungen auf die

---

*) Sperino. Anatomia del Cimpanzè. Turin, 1897.

**) Bischoff, Beiträge zur Anatomie des Hylobates Leuciscus.
München 1870.

***) Beim Menschen befinden sich einzelne Muskeln schon in Re-
gression; die regressiven Veränderungen werden durch an der Stelle der
ehemaligen Muskeln vorhandene Sehnen- und Membranbildungen dargestellt. Ein grosser Theil der Galea aponeurotica des Menschen besteht aus
Fascien des durch Regression sehnig veränderten Musculus occipitalis
(Ruge).

†) Testut, Les anomalies musculaires chez l'homme, expliquées
par l'anatomie comparée, leur importance en anthropologie. Paris 1884.

mimischen Muskeln nicht ausgedehnt haben, so ist doch bekannt, dass bei den Negern nicht selten primitive Verhältnisse der Gesichtshautmuskeln gefunden werden, wie man auch beim civilisirten Menschen manchmal Formen antrifft, die den Lemuren und Primaten eigen sind. Dies spricht für die oben erwähnte Entwicklung. Studien über die Morphologie der Hautmuskeln bei den Idioten fehlen. Testut bestreitet, dass bei den Idioten Muskelanomalien häufiger sind als bei normalen Menschen, und nimmt an, dass diese Anomalien in jedem Falle viel häufiger an den Gliedmaßen sind, besonders an den oberen und an ihrem peripheren Ende. Leider beschäftigt Tessut sich in seinem Werke mit den Abweichungen der Gesichtsmuskeln nicht.

Die Muskelanomalien des Menschen sind öfter regressive, d. h. Rückwandlungen zu einem niederen Typus, der sich noch bei einigen auf der nächst niederen Stufe der Thierreiche stehenden Species findet; die progressiven Anomalien sind viel seltener. Gleichwohl ist es, wie Mantegazza bemerkt, wahrscheinlich, dass man bei bedeutenden Schauspielern oder bei Personen, die Thiergeberden und -laute nachzuahmen verstehen, in der Anatomie der Gesichtsmuskeln eine weitergehende Eintheilung und feinere Anordnung antreffen müsste.

Mir scheint dies sogar sicher. Schon Moreau de la Sarthe*), ein hervorragender Arzt, hatte bemerkt, dass die geübten Clowns den einen oder anderen Hautmuskel des Gesichts isolirt contrahiren können, doch wurde dies durch die Beobachtungen, welche Sikorski an sich selbst machte, genauer nachgewiesen.

Letzterer**) studirte die Mimik der Geisteskranken und machte dabei wichtige Wahrnehmungen über die willkürlichen Contractionen der Gesichtsmuskeln. Durch vieles Ueben erreichte er es, fast alle Muskeln isolirt zu contrahiren, sogar den Musculus orbitalis inferior, der nach Duchenne's Ansicht willkürlich nicht bewegt werden kann.

---

*) In der Ausgabe 1806—09 des Werkes Lavater's: Physiognomische Fragmente etc.

**) Sikorski, Die Bedeutung der Mimik für die Diagnose des Irreseins. Neurol. Centralbl. 1887.

Sikorski entdeckte zwei eigentümliche Erscheinungen: die isolirten Contractionen gelingen leichter an den Muskeln der linken Gesichtshälfte und sie können nicht gleichzeitig an homonymen Muskeln der beiden Hälften ausgeführt werden, ausgenommen an den Stirnmuskeln. Es sei auch daran erinnert, dass Sikorski, als er zwei Jahre nach Beendigung seiner Uebungen dieselben wieder aufnahm, bemerkte, dass er nun auch die Muskeln der rechten Gesichtshälfte isolirt zusammenzuziehen vermochte. Diese Thatsache kann den Physiologen und besonders Einen, der die Literatur über die sogenannte Cross-education*) kennt, nicht überraschen. Die letztere stützt sich gerade auf jene physiologische, bereits durch zahlreiche Untersuchungen verschiedener Autoren nachgewiesene Erscheinung, dass die Wirkung der Muskelübung sich in mehr weniger intensivem Grade von der Seite der Uebung auf andere und speziell auf symmetrische Theile des Körpers überträgt.

Unzweifelhaft also lässt sich durch Uebung eine höhere Differenzirung in der Einzelaction der mimischen Muskeln erreichen und es wird überdies, da es sich um rein individuell erworbene Fertigkeiten handelt, verständlich, wie diese durch Krankheit leicht verloren gehen können. Es ist z. B. bekannt, dass den halbseitig Gelähmten sehr leicht auf der gelähmten Hälfte des Gesichts die isolirten, nicht-synergetischen Bewegungen abhanden kommen, die sie vor dem Schlaganfall auszuführen vermochten (Pugliese und Milla).

Aus alle dem geht hervor, dass, wenn die Mimik des Weissen vollkommener als die des Negers, diese vollkommener als die des Affen ist, dies vor Allem durch die anatomische Entwicklung der mimischen Muskeln bedingt wird, die vom anthropomorphen Affen zum Arier allmählich fortschreitet, und dass ferner, wenn unter den Individuen einer und derselben Rasse noch eine weitere Vervollkommnung der Mimik möglich

---

*) Cfr. Walter W. Davis, Researches in Cross-education, in Studies from the Yale psychological Laboratory 1898, vol. VI, pag. 6 Ibidem vol. VIII, 1900; Scripture, Cross-education in Popular Science Montbly, 1900, LVI, 589; Ch. Féré, L'alternance de l'activité de deux hemisphères cérébraux, und andere Arbeiten in Année psycholog. VII, Paris 1901.

ist, dies durch eine feinere Differenzirung der einzelnen Hautmuskeln zu Stande kommt, die durch Uebung erreicht wird, wenn auch eine günstige anatomische Veranlagung der Muskeln selbst dabei eine Rolle spielen mag.

Die Hautmuskeln des Gesichts, beim erwachsenen Menschen 17 an der Zahl, sind um die grossen Öffnungen der Augen-

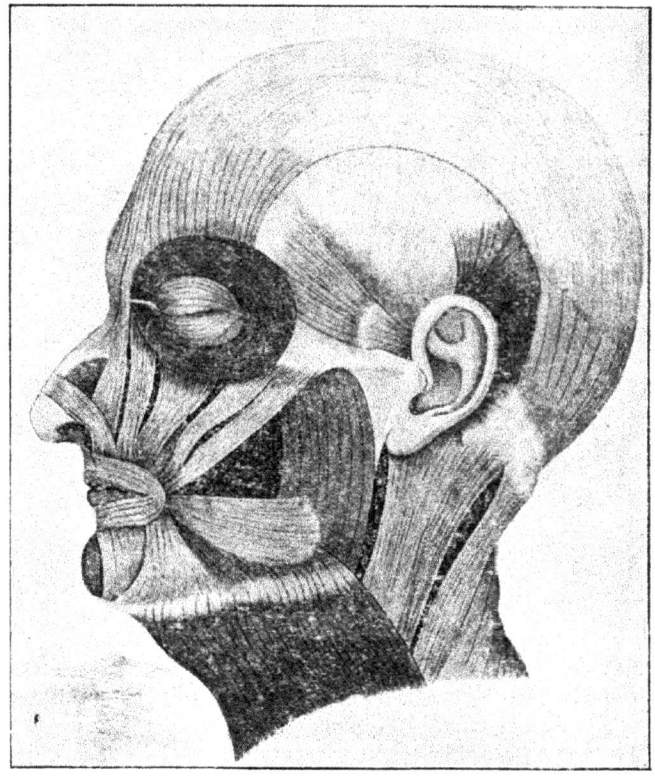

Fig. 2. Halbschemaitsche Darstellung der mimischen Muskeln des menschlichen Gesichts.

höhle, der Nase und des Mundes herum angeordnet; ihre Contractionen, sowohl die willkürlichen wie die automatischen und reflectorischen, bewirken deren Erweiterung oder Verengerung.

In der Umgebung der Augenhöhle befindet sich der Musculus orbicularis palpebrarum und der Superciliaris; auf der Nase giebt es 4: der Pyramidalis, der Transversus, der Myrtiformis und der Dilatator narium. An der Mundöffnung giebt es 11: der Orbicularis oris, der sich ringförmig um den Mund legt, und 10 andere, die, von verschiedenen Stellen des Gesichts entspringend, sich in der Umgebung der Lippen strahlenartig ansetzen.

Bei den Primaten und dem Menschen übernehmen jedoch die Hautmuskeln eine neue und wichtige Funktion, nämlich diejenige des Gemüths- und Gedankenausdrucks. Bei dem Vor-

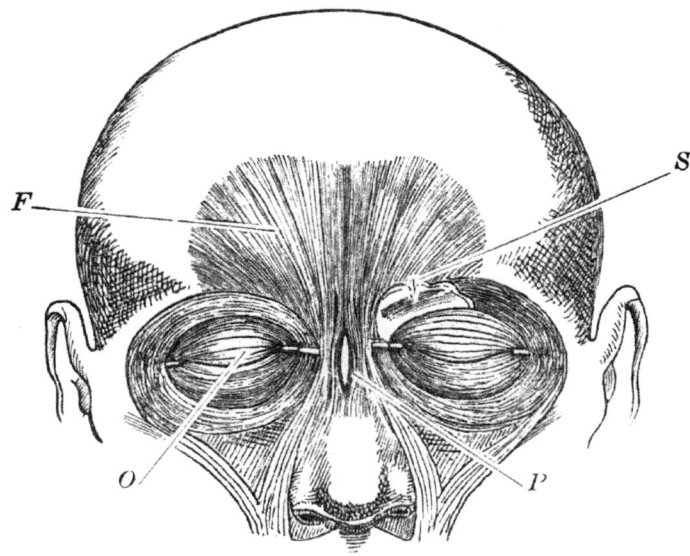

Fig. 3. Darstellung der mimischen Muskeln der oberen Gesichtshälfte. *F*, Musculus frontalis; *O*, Orbicularis palpebrarum; *S*, Superciliaris; *P*, Pyramidalis nasi.

gang des Aufmerkens sind unmittelbarer betheiligt der Frontalis, der Orbicularis palpebrarum und der kleine Musculus superciliaris. Der erste und dritte gehört zu der Gruppe der eigentlichen expressiven Muskeln Duchenne's. Man kann also sagen, dass das mimische Centrum der Aufmerksamkeit in jenem kleinen Felde der oberen Gesichtshälfte liegt, wo die Haut von den genannten drei Muskeln bewegt wird.

Bekanntlich erstreckt sich über das Schädelgewölbe eine dünne, aber feste Membran, die sogen. Aponeurosis epicranica oder Galea aponeurotica; sie ist sehr innig und schwer löslich mit der Kopfhaut verwachsen. Nach vorn setzt sie sich in den Musculus frontalis, nach hinten in den occipitalis fort und bildet eine Art Mittelsehne zwischen beiden, sodass ein einziger Muskel, der Epicranius entsteht.

Der Musculus frontalis oder epicranius frontalis haftet mit seiner oberen Fläche an der Haut, mit seiner unteren setzt er sich an mehreren Punkten an: an der Nasenwurzel, an der aufsteigenden Apophyse des Oberkiefers, am inneren Winkel der Augenhöhle, am Stirnbein längs des inneren Randes der Augenhöhle, am Arcus supraciliaris und schliesslich am suborbitalen Rande des Stirnbeins. Die Fasern des Frontalis sind nach oben und etwas nach aussen gerichtet, sodass zwischen beiden Frontales ein freier Raum bleibt, die Glabella*). Der mittlere Teil reicht bis auf den Nasenrücken, wodurch der kleine Musculus pyramidalis oder procerus nasi entsteht, dessen Fasern sich häufig in der Mittellinie kreuzen.

Vom Musculus frontalis giebt es Anomalien. Macalister berichtet vom Fehlen desselben, Mayer sah ihn sich in den Occipitalis fortsetzen, andere beschrieben besondere Knochenansätze oder seine Spaltung in besondere Bündel. Macalister wies auch als constante Disposition den Übergang eines Bündels in den Musculus levator communis alae nasi et labii superioris nach.

Bei isolirter Contraction des Frontalis wird die Aponeurosis epicranica nach vorn gezogen; ist letztere aber bereits durch Contraction des Occipitalis gespannt und fixirt, so hat jener die Aponeurose zum Stützpunkt und zieht die Haut der Augenbraue in die Höhe, wodurch sich die Lidspalte beträchtlich erweitert. In beiden Fällen legt er die Stirnhaut in horizontale Falten; da hierdurch das Gesicht einen charakteristischen nachdenklichen Ausdruck erhält, wurde er Aufmerksamkeitsmuskel genannt. Die beiden pyramidenförmigen Muskeln, auch Pfeiler des Frontalis genannt, haben ihren Stützpunkt auf der Nase; sie ziehen die Haut der Supraciliargegend nach unten, die sich demzufolge in Querfalten legt.

---

*) Das schliesst nicht aus, dass manche Anatomen den Stirnmuskel für einen einzigen und unpaaren halten.

Sappey und Duchenne zeigten, dass sie die Antagonisten der Frontales sind, welche die Haut hinaufziehen.

Der Orbicularis palpebrarum, auch Orbicularis oculi oder Sphincter palpebrae genannt, ist gewöhnlich in 2 concentrische Schichten getheilt: eine orbitale, am Rande der Augenhöhle gelagerte, und eine Lidportion, auf der vorgehenden befindlich und in die Augenlider eingefasst. Die obere Fläche dieses Muskels steht mit der Haut in Verbindung, die untere ruht auf dem Rande der Orbita, von der sie oben und innen durch einige Muskelbündel getrennt ist, die als besonderer Muskel betrachtet zu werden pflegen. Es ist dies der Musculus superciliaris (seu corrugator seu depressor supercilii, der corrugator glabellae nach Hyrtl), der also von einem Bündel der oberen und inneren Portion der Orbitalschicht des Orbicularis gebildet wird.

Der Superciliaris ist sehr klein, seine ganze Länge beträgt höchstens 3 oder 4 cm; zuweilen ist er so mit dem Orbicularis verschmolzen, dass sie sich nicht trennen lassen. Eigentlich ist der Superciliaris nicht dasselbe wie der Corrugator supercilii, der nur dessen mittleren Theil bildet und nach Ruge gänzlich vom Superciliaris getrennt betrachtet werden müsste.*)

In dieser Beschreibung will ich jene Unterscheidung jedoch nicht berücksichtigen und den Namen Corrugator wie Supraciliaris für den Muskel selbst gebrauchen.

Le Double**) beobachtete zahlreiche Variationen am Superciliaris; er kann ganz fehlen, in viele Bündel gespalten, in seiner Ausdehnung mehr oder weniger entwickelt sein. Auch seine Endigung kann variiren; er kann sich vereinigen a) mit der Haut der Stirn und dem Orbicularis palpebrarum, b) mit der

---

*) Le Double (Variations des muscles de l'oeil, des paupières et des sourcils dans l'espèce humaine. Archiv. d'ophthalm. vol. XIV, pag. 218) beschreibt sehr genau die einzelnen Theile des Orbicularis und unterscheidet eine extraorbitale Portion, eine orbitale, eine palpebrale, eine ciliare (den sog. Musculus ciliaris Riolans), zu der nach Moll ein besonderes kleines Bündel, die subtarsale Portion gehört, den Musculus lacrimalis posterior Horner's, den Musculus lacrimalis anterior (Merkel unterscheidet hier auch den Musculus malaris) und endlich den Musculus superciliaris, dessen mittlerer Theil unter dem Namen Corrugator supercilii bekannt ist.

**) loc. cit.

Haut der Stirn und dem Frontalis, c) mit der Haut der Stirn und mit beiden genannten Muskeln.

Die Wirkung des Orbicularis palpebrarum ist sehr complicirt, weil seine verschiedenen Theile sich getrennt und gruppenweise zusammenziehen können. Seine Contraction und speciell diejenige der Lidportion bewirkt den Schluss der Lidspalte. Er schliesst diese Spalte auch durch seine Tonicität, wenn der Levator palpebrae, sobald er aufhört thätig zu sein, wie z. B. im Schlaf und beim' Blinzeln, das obere Augenlid dem alleinigen Einfluss des Orbicularis überlässt.

Der Superciliaris zieht bei seiner Contraction die Haut der Augenbraue nach innen und unten; dieselbe legt sich in verticale Falten zwischen den beiden Augenbrauen und es entsteht so das Runzeln der Augenbrauen.

Ch. Bell, der irrthümlich behauptete, dass der Superciliaris nur dem Menschen zukommt, betrachtet ihn als „den wichtigsten unter den Gesichtsmuskeln des Menschen. Er zieht die Augenbraue mit grosser Kraft zusammen und drückt das Nachdenken auf unerklärliche, aber bestimmte Weise aus. . . Wenn die Augenbrauen gerunzelt sind, tritt die geistige Energie zu Tage und es kommt ein Gesichtsausdruck zu Stande, bei dem menschliches Denken und Fühlen und wilde thierische Brutalität mit einander streiten."*) Nach Darwin sind die Musculi supraciliares beim Menschen wegen des beständigen Gebrauchs mehr entwickelt als bei den anthropomorphen Affen; dadurch wurden sie stärker und selbständiger und durch Vererbung musste sich diese Eigenthümlichkeit übertragen. In der That geschieht die Runzelung der Augenbrauen nicht nur bei Concentration des Denkens, sondern auch in vielen anderen Zuständen, bei Verlegenheit, bei Bestürzung, bei Erschwerniss des Denkens und Handelns (Darwin) und auch bei Niedergeschlagenheit und im Zorn.

Die Menschen aller Rassen runzeln die Augenbrauen: die Australier, die Malayen, die Hindus und die Kaffern Süd-Afrikas thun es, wenn sie in Verlegenheit sind (Darwin); desgleichen die Guaranesen Südamerikas (Dobritzhoeffer).

b. Der Nervenapparat der Denkmimik.

Das siebente Gehirnnervenpaar, den Nervus facialis kann man als den mimischen Nerv, den Nerv des Ausdrucks par excellence bezeichnen. Er erregt die eben beschriebenen Muskeln und viele andere, und leitet in ihre feinsten Fasern den motorischen Impuls, den reflectorischen, automatischen wie den willkürlichen, aus dem Gehirn.

Der Nervus facialis entspringt aus dem Gehirnstamm, speciell aus der Gegend zwischen Brücke und verlängertem Mark, tritt nach einem complicirten Verlauf durch das Foramen stylo-mastoideum aus dem Schädel und verbreitet sich mit seinen peripheren Verzweigungen an den mimischen Muskeln des Gesichts. Seine Wurzelzellen bilden einen ziemlich grossen Kern grauer Substanz von ca. 4 mm Länge und über 1 mm Breite, der in der Tiefe der Nervensubstanz zwischen Brücke und verlängertem Mark liegt.

Dieser Kern wurde nur als Ursprung des unteren Astes des Facialis betrachtet, während bezüglich des Kerns für den oberen, der weil den Musculus frontalis, orbicularis und supraciliaris innervirend uns hier speciell interessirt, die Meinungen getheilt waren. Nach Duval und anderen Anatomen wäre der Kern des Nervus abducens (oder Oculomotorius externus, VI. Hirnnervenpaar) auch derjenige des oberen Facialis, was jedoch Andere wie Gudden, Marinesco, Gowers, Gehuchten, Déjerine etc. bestritten haben, sodass jene Ansicht heute als aufgegeben gelten kann.

Eine andere Auffassung, der jedoch ebenfalls von der Mehrheit nicht beigepflichtet wird, vertritt Mendel[**]). Derselbe exstirpirte einem Kaninchen und zwei Meerschweinchen auf der einen Seite die beiden Lider und den Musculus frontalis unter Schonung der Augen und der diese bewegenden Muskeln. Als er nun nach mehreren Monaten die Versuchsthiere tötete, fand er den oben genannten Facialiskern unverändert, während die Nervenzellen im hinteren Theil des Oculomotoriuskerns

---

*) Cfr. Ch. Bell, Anatomy of expression etc. pag. 137—139, cit. bei Darwin, Ausdruck der Gemüthsbewegungen. pag. 149.

**) Mendel, Ueber den Kernursprung des Augenfacialis, Neurolog. Centralblatt 1887.

(dritten Gehirnnerven) atrophirt waren. Daraus folgte, dass die für den Musculus frontalis, supraciliaris und orbicularis bestimmten Fasern des Nervus facialis ihren Ursprungskern im hinteren Theil des Oculomotoriuskern haben, der demnach als

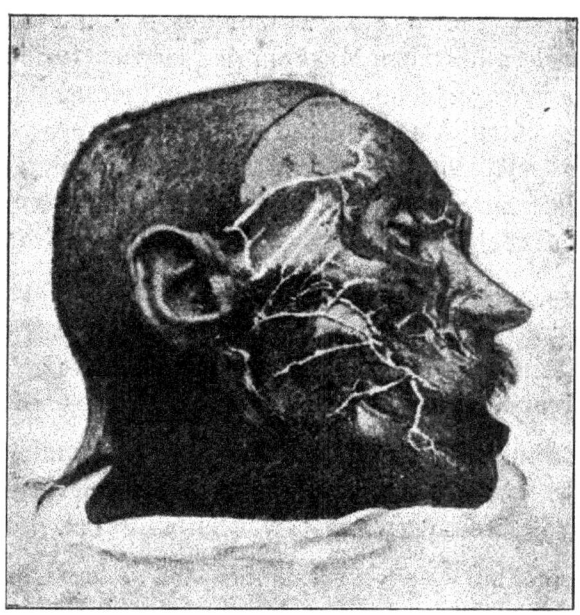

Fig. 4. Anatomisches Präparat der die mimischen Muskeln innervirenden Facialisäste (nach Pautet).

Kerncentrum des oberen Facialisastes zu gelten hat. Diese Auffassung würde in der That sehr leicht das Zusammenwirken zwischen den Bewegungen der vom oberen Facialis innervirten Muskeln mit den von Oculomotorius innervirten Augapfelmuskeln erklären. Der selbständige Facialiskern würde also Nervenfasern zu fast ausschliesslich dem Gesichtsausdruck dienenden Muskeln senden, während die dem Oculomotoriuskern beigesellten Kernzellen diejenigen Muskeln innerviren, welche ihrerseits für die Mimik der Gemüthszustände und für die Bewegung, die sensorische Anpassung und den Schutz der Augen bestimmt sind. Es ist nützlich, wenn sich der Leser bei der Frage nach der Entstehung der intellectuellen Mimik diese Ansicht Mendel's gegenwärtig hält.

Dieselbe wird zwar heute von Testut*) und theilweise von Poirier, Gowers, Turner und Anderen acceptirt, von der Mehrzahl der Neurologen aber abgelehnt. Den Experimenten Mendel's stehen andere gegenüber, die deren Bedeutung zwar nicht aufheben, aber doch unleugbar grosse Beweiskraft haben. Marinesco, der zur Erforschung des Ursprungs der in den drei mimischen Muskeln des oberen Gesichts endenden motorischen Protoneurone bei einigen Thieren diese Nerven durchschnitt, fand, dass die mittlere Gruppe der Wurzelneurone des selbständigen Facialiskerns diejenige ist, welche hauptsächlich nach der Durchschneidung des oberen Facialis reagirte; die übrigen Theile des Kerns blieben intakt.

Den meisten Anatomen genügt diese Beobachtung als Beweis, dass der bulbo-pontine Kern des unteren Facialis, auch Ursprungszellen für den oberen, den Musculus frontalis, supraciliaris und orbicularis innervirenden Facialis enthält.**)

Ich glaube jedoch, dass die Angelegenheit mittelst weiterer Thierexperimente genauer untersucht und zu diesem Zwecke vorzugsweise Affen verwendet werden müssten.

Auf welchem Wege erreichen den Facialiskern die ihn beeinflussenden Erregungen? Auf welche Weise steht er mit den aus den übrigen Theilen des Gehirns stammenden Nervenfasern in Verbindung?

Hierüber giebt eine sehr wichtige Beobachtung Aufschluss. Manche Hemiplegiker sind ausser Stande mit den mimischen Muskeln der gelähmten Seite irgend eine willkürliche Bewegung auszuführen, während sich dieselben deutlich contrahiren, wenn die Kranken in einen heiteren oder traurigen Gemüthszustand gerathen. Im Gegensatz hierzu giebt es Kranke, die ihre mimischen Muskeln willkürlich contrahiren können, während in der Erregung auf einer Seite des Gesichts Ausdrucksbewegungen unterbleiben. Diese Thatsache ist seit vielen

---

*) Testut, Trattato di Anatomia umana, Neurologia, vol. II, Turin 1898, pag. 459.

**) Cfr. J. Soury, Le système nerveux central. Paris 1899. Enthält reiche Literatur.

Jahren bekannt*); Ch. Bell hat als Erster beobachtet, dass es Facialislähmungen giebt, welche das Individuum am Lachen nicht hindern, und andere, bei denen auch diese Ausdrucksbewegung unmöglich geworden ist. Stromayer, Romberg, Nothnagel, Gowers, Gayet, Rosenbach, Huguenin, Kirilzew u. A. beschrieben später Beobachtungen von isolirter Lähmung der Mimik mit vollständig erhaltener willkürlicher Bewegung der vom Facialis innervirten Muskeln.

Diese, übrigens selten vorkommende Dissociation dürfte beweisen, dass die Nervenbahn für die willkürliche mimische Bewegung von derjenigen für die reflectorische oder automatische Mimik verschieden. ist. Ueber diesen Punkt herrscht in in der That Uebereinstimmung bei den Anatomen; erstere, die sogen. cortico-bulbäre Bahn, verläuft direkt von der Hirnrinde durch die innere Kapsel zum verlängerten Mark, letztere gelangt hierher durch den Thalamus opticus (thalamo-bulbäre Bahn).

Der Thalamus besteht aus einer Reihe von verschieden grossen und strukturirten grauen Kernen — nach Burdach und Meynert vier Hauptkerne —, die zum Theil verschmolzen, zum Theil durch die Lamina medullaris interna von einander getrennt sind. Zwischen Hirnstamm und Hirn gelegen, stellt er eine Zwischenstation dar, welche durch zahlreiche kräftige Leitungen mit den verschiedenen Theilen jener beiden verbunden ist.**)

Nothnagel hat an verschiedenen klinischen Fällen die Beobachtung gemacht, dass, wenn bei Facialisparalyse die Ausdrucksbewegungen des Lachens erhalten waren, der Thalamus mit seiner Faserstrahlung intakt gefunden wurde, und dass letzteres nicht der Fall war, wenn auch die genannten Be-

---

*) Cfr. P. Rosenbach, Zur Lehre von der Innervation der Ausdrucksbewegungen, Neurolog. Centralblatt, 1886. Siehe ausserdem die Arbeit von Nothnagel, ebenda, 1886 pag. 24, und die von Barlow, British med. Journal, 1887.

**) Ueber die Thalamusverbindungen vergl. Déjerine, Anatomie des centres nerveux, Bd. II, Heft 1, Paris 1901, Seite 344 und Monakow, Gehirnpathologie, Wien 1897.

wegungen aufgehoben waren. Aber erst Bechterew*) verdanken wir die erschöpfende Darstellung des Verhältnisses des Thalamus zur Mimik. Durch Reizung des Thalamus bei Taube, Frosch und Hund mittelst mechanischer Eingriffe oder elektrischen Stromes und durch Zerstörung einzelner Theile desselben sowohl unter Schonung als unter Abtragung der Hirnhemisphären wies er nach, dass die letzteren der Ursprungsort der psychischen Erregung der Mimik sind, der Thalamus hingegen das eigentliche mimische Centrum.

Auch bei den Geschöpfen ohne Hirnhemisphären fand er mimische Ausdrucksbewegungen, reflectorisches emotionelles Hervorbringen eines Schreies. So hören die Anencephalen während der wenigen Stunden ihres Lebens nicht auf zu schreien, die Augen zu öffnen und zu schlucken. Den Idioten fehlt eine gewisse Mimik nicht. Bechterew beobachtete einen 17 jährigen Cretin, dessen Gesicht gänzlich ausdruckslos war, bei dem aber Schmerz und Lust noch Grimassen und eine Art Lächeln hervorriefen. Er schliesst, dass der Thalamus die Centren für die reflectorischen Ausdrucksbewegungen birgt und zwar jeder Thalamus vorwiegend die Centren für die Bewegungen der entgegengesetzten Seite, da die Zerstörung eines Thalamus die mimische Reflexthätigkeit der anderen Gesichtshälfte aufhebt.**)

Ueber diese Function des Thalamus herrscht heute kein Zweifel mehr. Er ist, wie schon Meynert ahnte, ein grosses Reflexcentrum, das Centrum eines bis zu gewissem Grade von dem cortico-bulbären unabhängigen Systems. Mit dem ver-

---

*) Bechterew, Die Bedeutung der Sehhügel auf Grund von experimentellen und pathologischen Daten. Virchows Archiv f. Pathologie 1887.

**) Verschiedene Autoren haben die Ansicht Bechterew's bestätigt. Ich citire nur Max Borst, Die psychoreflectorische Facialisbahn etc. Neurolog. Centralblatt 1901, Pag 155, und Kirchhoff, der über einen klinischen Fall nebst Autopsie berichtet (Ein mimisches Centrum im medialen Kern des Sehhügels. Arch. f. Psychiatrie. Bd. 35, Heft 3. 1902.). Nach letzterem wäre der mittlere Thalamuskern das Coordinationscentrum der Mimik, mit welchem die corticalen mimischen Centren in der zweiten und dritten Stirnwindung und den vorderen Inselwindungen verbunden sind. Einige meinen, dass das mimische Centrum nur ein einseitiges sei und zwar auf der rechten Seite liege.

längerten Mark und dem Rückenmark ist er durch eigene zuleitende und fortleitende (thalamo-bulbäre) Projektionsfasern verbunden, in gleicher, aber nicht weniger unabhängiger Weise auch mit der Hirnrinde durch corticofugale und corticopetale Fasern. Das Thalamussystem functioniert noch, wenn auch die Rinde experimentell abgetragen oder die cortico-bulbäre Bahn unentwickelt oder degeneriert ist; andererseits lässt die Zerstörung des Thalamus, beim Menschen wie bei den Thieren, die willkürlichen Bewegungen ungestört.

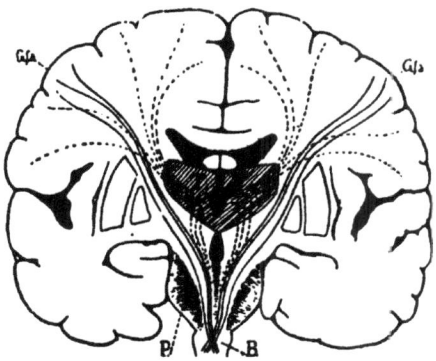

Fig. 5. Schema eines schrägverticalen Schnitts durch das menschliche Gehirn. Er geht durch die aufsteigende Stirnwindung (*Gfa*) und trifft infolge seiner schrägen Richtung die Brücke (*P*) und das verlängerte Mark (*B*). Die continuirlichen Linien bezeichnen den Verlauf der willkürlichen direkten cortico-bulbären, oberhalb des Kerns gelegenen Bahn des Facialis, die unterbrochenen Linien die von der Rinde durch den Thalamus (*T*) zum verlängerten Mark ziehende Bahn, die im Thalamus eine Unterbrechung erfährt.

Daraus folgt, dass die Läsionen des Thalamussystems ein ganz specifisches Symptomenbild machen. Z. B. erscheint es, gegenüber der Ansicht von K a h l e r, P i k und Andern, sicher, dass die Chorea gesticulatoria ihren Sitz im Thalamus hat. Sie ist nichts als eine Störung der Mimik, während die Myoklonien und die Epilepsie sich in Bewegungen äussern, die mit der Mimik nichts zu thun haben und, wie daher leicht erklärlich, corticalen Ursprungs sind. Die Chorea kann entstehen bei einer Läsion sowohl längs der Rinden-Thalamusbahn oder im Thalamus selbst, beim Mangel eines hemmenden Einflusses auf das mimische Centrum im Thalamus oder bei Reizung des letzteren. Die Hemichorea dürfte bedingt sein durch eine Reizung des Thalamus (Nothnagel, Bechterew), analog den mimischen Reactionserscheinungen, die Bechterew durch direkte, mechanische oder elektrische Erregung des Thalamus hervorrief.

Nach Bignami*) jedoch, der seine Ansicht auf anatomisch-pathologische Befunde bei der chronischen Chorea stützt, entsteht diese viel mehr durch Reizvorgänge in den Rinden-Thalamusbahnen, als durch Mangel des hemmenden Einflusses der Rinde auf den Thalamus, da es destructive Veränderungen der Rinde ohne choreatische Symptome giebt. Alles drängt zu der Annahme, dass diese sehr viel häufiger beobachtet werden würden, wenn sie bloss durch eine unzureichende Hemmung seitens der Hirnrinde zu Stande kommen könnten. Nach Bignami's Meinung, der ich mich voll und ganz anschliesse, verhält sich die Sache so, dass, während Reizung der Pyramidenbahnen Tremor erzeugt, der demnach als Störung der willkürlichen Bewegungen aufzufassen wäre, die Reizung der Thalamusbahnen die Chorea zu Stande bringt, die demgemäß als Störung der Ausdrucksbewegungen zu gelten hätte; und zwar als typischer Tremor der Intentionstremor, als typische Chorea die Chorea-gesticulatoria.**)

Ganz andere Centra und Bahnen als die zum Thalamus gehörigen treten bei den willkürlichen Bewegungen des Gesichts in Thätigkeit. In der Rinde einiger Thiere (Katze, Hund) wurden bereits Punkte entdeckt, deren Reizung Schluss der Augenspalte der entgegengesetzten Seite bewirkt (Hitzig, Ferrier, Luciani und Tamburini); sie sind in der zweiten äusseren Windung und unmittelbar hinter und unter dem Gyrus sigmoideus gelegen. Nach Hitzig und Ferrier ist das Rindencentrum der vom unteren Facialis innervirten Muskeln

---

*) Nach einer in der R. Academia medica zu Rom gemachten Mittheilung. Riforma medica 1895.

**) Ziemssen (Specielle Pathologie und Therapie, Bd. XII., Abtheil. 2) giebt eine geschichtliche Darstellung der verschiedenen Ansichten über die Entstehung der Chorea. Mit dem Gegenstande haben sich befasst Broadbent, Charcot, Golgi, Murri, Patella, Cirincione und Mirto, Schupfer und viele Andere.

in der dritten äusseren Windung gelegen, unmittelbar nach aussen von dem Centrum für [den Musculus orbicularis palpebrarum. Auch beim Affen wurde das Rindencentrum des Nervus facialis bestimmt.

Was den Menschen anlangt, so giebt es klinische und pathologisch - anatomische Beobachtungen, welche das Vorhandensein eines corticalen Centrums für die willkürlichen Bewegungen des Orbicularis palpebrarum darthun. Es scheint im untern Drittel des Gyrus centralis anterior, oberhalb der Centren der Zunge und des Mundes, wahrscheinlich in der Nähe des Fusses der zweiten Stirnwindung zu liegen. Das Rindencentrum des Frontalis dürfte nicht weit von demjenigen des Orbicularis palpebrarum zu finden sein (Sciamanna und Marfan); vielleicht liegt es zwischen diesem und dem Centrum für den Muscularis superciliaris. Somit würden also die drei Centra zusammen die corticale Zone für die willkürliche Bewegung der Muskeln der oberen Gesichtshälfte bilden.

Bei den Pathologen und Anatomen herrscht noch grosse Meinungsverschiedenheit darüber, ob das corticale Faciliscentrum ein einziges oder ein mehrfaches ist. Viele nehmen mit Wernicke, Strümpell, Mendel u. A. an, dass es zwei distincte Centren [giebt, eins für den unteren, eins für den oberen Facialis. Monakow*), dem Wilbrand**) beipflichtet, glaubt, dass in der Hirnrinde für die Erregung bestimmter Bewegungsformen zahlreiche Herde, für die zusammen functionierenden Muskelgruppen aber besondere existiren. Joh. Roux***) hat kürzlich eine ganz originelle Ansicht ausgesprochen, die aber meines Erachtens nicht unwichtig ist; er behauptet, dass in jeder Hemisphäre zwei Rindencentren existiren, deren jedes den ganzen Muskelapparat des Auges beherrscht. Eins derselben soll in der Occipitalrinde liegen (hinteres Oculomotoriuscentrum), das andere im hinteren Theil des Stirnlappen (vorderes Oculomotoriuscentrum).

---

*) cfr. cit.

**) Wilbrand-Sänger, die Neurologie des Auges. 1899 Bd. I. pag. 558 u. ff.

***) Joh. Roux, Double centre d'innervation corticale oculomotrice. Archiv. de Neurologie, Septbr. 1899.

Die Behauptung, dass der obere und der untere Facialis besondere Rindencentren und subcorticale Bahnen haben, stützte sich speciell auf die von Todd 1854 entdeckte klassische Thatsache, dass bei den erwachsenen Hemiplegikern nur der untere Facialisast geschädigt werde, der obere gänzlich frei bleibe. Vereinzelte Beobachtungen liessen jedoch bald an der Exaktheit dieser Behauptung Zweifel hegen. Aber erst Pugliese und Milla*) wiesen ihre Haltlosigkeit nach.

Wenn bei der Hemiplegie die vom oberen Facialis innervirten Muskeln weniger gelähmt erscheinen als die vom unteren versorgten, so erklärt sich dies durch das Gesetz von Broadbent und Charcot, dass die synergetisch thätigen Muskeln, wie die des oberen Facialis, bei der Hemiplegie erheblich weniger afficirt sind, als die nicht synergetisch funktionirenden.

Seit dem Nachweis von Pugliese und Milla ist die Auffassung von der anatomischen Unabhängigkeit der beiden Facialiscentren erschüttert geblieben. Mirallié**), welcher die Meinung Pugliese's theilt, nimmt ein einziges Rindencentrum und eine einzige intracerebrale Bahn für die beiden Theile des Facialis an.

Immerhin kann nicht bestritten werden, dass, was schon die Experimente von Ferrier, Bartholow und Sciamanna gezeigt hatten, das Centrum für den oberen und unteren Facialis, wenn sie auch getrennt sind, in der Rinde zwei sehr nahe beieinander gelegene Felder einnehmen.

Nach der Arbeit Marinesco's***) herrscht heute ziemliche Uebereinstimmung darüber, dass das corticale Centrum für die willkürliche Bewegung der oberen Gesichtsmuskeln im unteren Drittel der aufsteigenden Stirnwindung (Gyrus

---

*) Pugliese und Milla, Ueber die Betheiligung des oberen Nervus facialis bei der Hemiplegie. Rivista sperimentale di Freniatria, 1896. Pugliese beschäftigte sich mit diesem Thema noch in anderen, in der Rivist. di Patologia nervos. e mentale und in der Rivist. speriment. di Freniatria, 1897 u. 1898, veröffentlichten Arbeiten.

**) Mirallié, De l'état du facial superieur et du moteur oculaire commun dans l'hémiplegie organique. Archiv. de Neurologie. Januar 1899.

***) Marinesco, Der Ursprung des oberen Facialis. Revue neurologique, 1898.

praecentralis, Gyr. centralis anterior) oberhalb der Centren für
Zunge und Mund, fast gegenüber dem Fuss der zweiten Stirnwindung liegt. Obwohl die dieser kleinen Zone entsprechende
Funktion der willkürlichen Bewegung gewöhnlich eine beiderseitige ist (Pugliese und Milla), so kann sie doch in
manchen Fällen ausschliesslich die willkürliche Bewegung der
Gesichtsmuskeln der entgegengesetzten Seite besorgen.

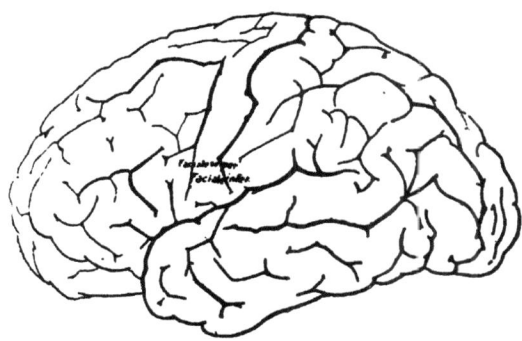

Fig. 6. Seitliche Oberfläche der linken Hemisphäre des menschlichen Gehirns (schematisirt). Darstellung des corticalen Centrums des oberen und
unteren Facialis im unteren Drittel der aufsteigenden Stirnwindung.

Weniger Uebereinstimmung besteht bezüglich der Bahnen,
welche die Nervenfasern von den genannten corticalen Centren bis
zum Facialiskern in der Gegend der Brücke und des verlängerten Marks durchlaufen.

Im Allgemeinen nimmt man an, dass vom Rindencentrum
bis zur inneren Kapsel die Facialisfasern mit den Pyramiden-
fasern zusammen vermengt verlaufen und das Knie der Kapsel quer
durchkreuzen, dass sie dann in den Fuss des Pedunculus cerebri
(inneres Bündel) eintreten, in dem oberen Theil der Brücke (also
getrennt von der Pyramidenbahn) weiterziehen und sich hier
kreuzen, endlich, im bulbopontinen Facialiskern der entgegengesetzten Seite enden. Die Art dieser Endigung ist genauer
nicht bekannt.

Nach der Meinung anderer Autoren jedoch soll ein kleiner
Theil der Facialisfasern auch das hintere Segment der inneren
Kapsel (Bianchi) passiren, während das vordere hauptsäch-
lich Rinden-Thalamusfasern und das vom Stirnlappen zum

Thalamus ziehende Projektionsbündel enthält. (Brissaud und Andere.)*)

Andere glauben, dass die supranucleären Fasern des oberen Facialis einen anderen Verlauf haben, als die des unteren, und das wäre natürlich, wenn für beide verschiedene Centren in der Rinde erwiesen wären. Hallopeau und Bernhardt z. B. meinen, dass die supranucleären Fasern des oberen Facialis durch den Linsenkern und die äussere Kapsel ziehen. Dies steht jedoch in Widerspruch mit den Beobachtungen von Bojadjiew und der Ansicht der meisten Anatomen, darunter Mirallié und Mingazzini. Wahrscheinlich hat der obere Facialis im Pedunculus cerebri eine von derjenigen des unteren getrennte Bahn.

Jedenfalls ist unsere Kenntniss von dem Verlauf der supranucleären Facialisbahnen ausreichend für die genaue anatomische Abgrenzung der cortico-bulbären Bahn für die willkürliche Innervation der mimischen Muskeln einerseits und der thalamo-bulbären Bahn für die automatische und reflectorische Mimik andererreits.

Aber das ist noch nicht Alles. Es bleibt zu untersuchen, auf welche Weise das corticale Facialiscentrum und das mimische Centrum des Thalamus in Action treten, und wie sie auf das bulbomusculäre Neuron des Facialis wirken.

Diese Verhältnisse sind nur für den emotiven Ausdruck und speziell für das Lachen und Weinen erforscht worden. Wir stehen also hier, wenn wir von einer Mimik des Denkens sprechen wollen, vor einem bisher noch unbearbeiteten physiologischen Thema.

Lachen und Weinen sind bei den Kindern Reflexvorgänge; erst allmählich verlieren sie diesen Charakter infolge der Entwicklung der corticalen Einflüsse, d. h. des Auftretens der cortico-bulbären Bahn, welche die Thätigkeit der Kerne des Facialis beherrscht und regulirt. Daraus erklärt sich, warum bei den Kindern Lachen und Weinen der nöthigen Coor-

---

*) Ueber die Kenntniss der Facialisbahnen siehe Kirchhoff, Der melancholische Gesichtsausdruck und seine Bahn. Neurolog. Centralblatt, 15. Mai 1900. Hoche, ibidem, Bd. XV, pag. 607; Cianchi, Trattato di Psichiatria I, pag. 64 u. ff.

dination entbehren, während sie bei Erwachsenen gezügelt und gehemmt werden können.

Aber auch bei letzteren kann die Hirnrinde der Herrschaft über Lachen und Weinen verlustig gehen, und zwar entweder, wenn die äusseren Anlässe zu starke sind, oder wenn die Rinde krank, unentwickelt oder degenerirt ist. In derartigen Fällen, wie z. B. bei der multiplen Sklerose, der Dementia paralytica, den corticalen Erweichungsherden, bei der Pseudo-bulbärparalyse, endlich auch, wie B e c h t e r e w zeigte, bei den Epileptikern und manchen Geisteskranken, selbst den Para-noischen, kann Lachen wie Weinen einen zügellosen Grad erreichen. B e c h t e r e w *) theilte kürzlich auch 2 Fälle mit, wo durch corticale.Erweichungsherde neben anderem die Fähig-keit der Hemmung gegenüber den Thalamuscentren bezw. den unwillkürlichen oder mimischen Ausdrucksbewegungen in dem Maasse aufgehoben war, dass Lachen und Weinen krampfartig auftrat.

Die Entwicklung des Nervensystems und die pathologische Anatomie dürften also lehren, dass die Rinde (nach B r i s s a u d die des Stirnlappen) und die corticobulbäre Bahn auf das mimische Thalamuscentrum und den Facialiskern regulirend und hem-mend wirken. Wenn das zutrifft, so ergiebt sich daraus, dass alle Läsionen, welche die Gehirnrinde und Rinden-Thalamus-Faserstrahlung (H a l i p r é, M i n g a z z i n i u. A.), speciell beiderseitig, schädigen**) oder in irgend einer Weise die

---

*) B e c h t e r e w, Die Leitungsbahnen im Gehirn und Rückenmark 1900. Aehnliche Fälle wurden auch von Anderen, z. B. von Mingazzini berichtet.

**) Nach B r i s s a u d (Leçons sur les maladies nerveuses, Paris 1895.) verlaufen die für die Mimik des Lachens und Weinens bestimmten Rinden-Thalamusfasern durch das vordere Segment der inneren Kapsel, ein Segment, das gegen den Pedunculus hin zum p s y c h i s c h e n B ü n d e l Brissaud) wird, sicherlich mit der Stirnrinde in Verbindung steht und theil-weise von den Fasern des Arnold'schen Bündels oder der vorderen Region des Thalamus gebildet wird. Nach G o l d s t e i n, citirt von Mingazzini-in: Sulla sintomatologia delle lesioni del nucleo lenticulare, studio clinico et anatomo — patologico, Rivist. sperim. di Freniatria, Heft II — III, 1902, ferner nach M i n g a z z i n i, ebenda, und K i r c h h o f f (loc. cit.) verlaufen diese Bahnen vorwiegend durch den Nucleus lenticularis, was aber von D é j e r i n e (Anatomie des centres nerveux, Bd. II, Paris 1901) bestritten wird, der diesem Kern keine motorischen Funktionen zuschreibt.

cortico-bulbäre Bahn stören, eine krankhafte Hypermimie erzeugen können. Nur sehr selten dürften krampfhaftes Lachen und Weinen die Wirkungen von Läsionen sein, die das mimische Thalamuscentrum direkt reizen und gleichzeitig die corticobulbäre Bahn lähmen.

Man könnte daraus folgern, dass die Mimik des Denkens, soweit sie durch einen Vorgang willkürlicher Aufmerksamkeit bestimmt wird, unter dem Einfluss der corticobulbären Bahn steht. Doch müssen hier 2 Fälle in Betracht gezogen werden.

Nehmen wir an, wir würden durch den Anblick einer unbekannten Person überrascht und alsbald von der Neugier erfasst, sie kennen zu lernen. Sofort contrahiren sich die drei mimischen Muskeln der oberen Gesichtshälfte zufolge der optischen Aufmerksamkeit, die in uns thätig ist; diese Contraction ist eine reflectorische. Der in der Sehrinde zu Stande gekommene optische Eindruck ruft vermittelst der occipito-thalamischen Neurone eine functionelle Thätigkeit des Thalamus hervor. Dieser coordinirt, associirt die entsprechende mimische Bewegung, welche vermittelst der vom Thalamus zum Facialiskern sich erstreckenden Neurone stattfindet. Dies ist der gewöhnlichste Fall.

Die Sache ändert sich jedoch, wenn wir, im Begriff, ein Blatt zu lesen, das Gefühl haben, willkürlich zu handeln und die Muskeln willkürlich zu contrahiren, um das Auge besser der Schrift anzupassen. In diesem Falle bestimmt der Wille eine ganz andere Nervenbahn.

Der Willensbefehl geht aus der motorischen Rinde direkt durch die corticobulbäre Bahn, d. h. quer durch das Knie der inneren Kapsel, den Fuss des Pedunculus und die Brücke bis zum Facialiskern. Wenigstens ist dies die Ansicht der Neurologen.

Betrachten wir nun den Mechanismus der Bewegung im Fall der Aufmerksamkeitsmimik, so überzeugen wir uns leicht, dass fast niemals eine klare, deutliche Betheiligung des Willens bei der Contraction der drei mimischen Muskeln des oberen Gesichts stattfindet. Der Wille wird sagen: „Jetzt merke ich auf“, aber niemals: „Jetzt contrahire ich die mimischen Muskeln der Aufmerksamkeit“. Die Contraction der drei

Muskeln ist also im Grunde genommen gewöhnlich eine automatische oder halbautomatische, wenn auch völlig bewusste. Es ist die Ingangsetzung eines Mechanismus. Es könnte daher scheinen, dass auch bei der Mimik des Denkens, die offenbar die am meisten willkürliche ist, die Thätigkeit des Thalamus und der thalamo - bulbären Bahnen nicht auszuschliessen ist. Dies dürfte um so weniger annehmbar erscheinen, wenn man die Entstehung der gedanklichen Mimik in Betracht zieht. Sie leitet sich, wie ich noch Gelegenheit haben werde zu zeigen, aus einer reflectorischen Mimik ab. Man würde nun annehmen müssen, dass diese mimische Bewegung, die als Reflexbewegung begonnen und lange Zeit bestanden hat, bei der Umwandlung in eine willkürliche nicht nur den Ausgangspunkt (die Rinde), sondern auch ihre Bahn wechselt, d. h. die direkte corticobulbäre Bahn, statt der bis dahin innegehaltenen thalamobulbären, durchläuft.

Gewiss kann man die Hautmuskeln des Gesichts ganz willkürlich contrahiren, wie man an sich selbst leicht beobachten kann, und in diesem übrigens ausnahmsweisen Falle könnte man sich denken, dass der Nervenstrom zum Facialiskern ausschliesslich in der corticobulbären Bahn verläuft, aber es würde sich dann nicht um echte mimische Bewegungen handeln, die der Definition nach etwas organisirtes, gewissermaassen eine Combination von sehr schwachen Bewegungen und von Aenderungen des Muskeltonus sind.

Unter den gewöhnlichen Verhältnissen der Aufmerksamkeitsmimik — der halb bewussten und halb willkürlichen — glaube ich nicht die Thalamusmitwirkung ausschliessen zu sollen.

Man darf nicht vergessen, dass das mimische Thalamuscentrum besondere und innige Verbindungen mit der Hirnrinde, dem ausschliesslichen Organ der Vorstellungen und Bewegungsantriebe hat. Mit dem allmählichen Fortschreiten ihrer Entwicklung prägt sich in ihr die ganze functionelle und anatomische Topographie des Thalamus aus, d. h. die territoriale Eintheilung des letzteren wiederholt sich anatomisch und functionell an der Oberfläche des Gehirns.*) Es ist daher natürlich, dass auch das mimische Thalamuscentrum in der Rinde seine eigene Faserstrahlung besitzt. Dies zugegeben, lässt sich nicht ausschliessen, dass aus den Thalamuskernen (dem medialen, nach einigen Autoren) Fasern bis in die Rinde des Fusses der Praecentralwindung gelangen und so die centripetale und gleichzeitig centrifugale Verbindung zwischen jenen und dem corticalen Facialiscentrum herstellen.

Es folgt daraus, dass dieses Centrum eine direkte Verbindung mit dem verlängerten Mark durch die in der corticobulbären Bahn verlaufenden Fasern, und eine Verbindung mit dem mimischen Thalamuscentrum durch die entsprechende Faserstrahlung besitzt. So wie nun eine Function mit ihrer Localisation in der Rinde ohne Weiteres den Character einer bewussten und willkürlichen Thätigkeit annimmt, so ergiebt sich aus den vorstehenden Erörterungen mit unvermeidlicher Consequenz, dass die Willenskraft, um den Facialiskern zu erreichen, nicht genöthigt ist, ausschliesslich die corticobulbäre Bahn zu benützen, sondern vom Rindenfacialiscentrum auch über die Thalamusbahn dahin gelangen kann.

Die corticobulbäre Bahn hat vielleicht nur in dem oben

---

*) Sogar die visceralen Centren, die nach Bechterew ihre automatischen Centren im Thalamus haben, können in der Rinde topographisch vertreten sein. (Danilewsky, Rochefontaine, François-Frank, Bechterew, Mislawski, Sherrington, Bianchi, Mosso, Pella cani u. A). Die viscerale Projection ist vielleicht individuell eine mehr oder weniger vollständige und kann bei Manchem eine aussergewöhnliche Vollkommenheit erreichen, z. B. bei manchen Hysterischen (Sollier). Mir scheint, dass manche psychischen Störungen, wie die hypochondrische Stimmung und die somatopsychischen Wahnideen (Wernicke) als Steigerungen oder Perversionen des splanchnischen Bewusstseins d. h. als krankhafte corticale Projektionen subcorticaler Functionen aufgefasst werden können. In gewissem Grade bilden sicherlich die corticalen Projectionen der Thalamuscentren die Grundlage des Bewusstseins des eigenen Körpers und liefern die Elemente zur Bildung eines splanchnischen Ichs. Vom anatomischen Standpunkte aus weiss man fast nichts über die Talamusfasernstrahlung nach dem Grosshirn. Probst (Ueber die Leitungsbahnen des Grosshirns mit besonderer Berücksichtigung der Anatomie und Physiologie des Sehhügels, Jahrbücher für Psychiatrie, XXIII, 1903) hat an lebenden Katzen Versuche über die Thalamus-Rinden-Projection angestellt.

angenommenen extremen Falle ungewöhnlicher, willkürlicher, nicht eigentlich expressiver, Bewegungen der Gesichtsmuskulatur für sich allein zu functioniren. In allen andern dient sie zur Verstärkung und Regelung der Thätigkeit des mimischen Thalamussystems und bei Störung desselben zu seiner Ergänzung oder zum Ersatz.

Es erscheint daher begründet, an die Stelle der landläufigen Auffassung eine bessere Hypothese zu setzen. Bei den gewöhnlichen Ausdrucksbewegungen des normalen erwachsenen Menschen, sind beide Nervenbahnen, die corticobulbäre und die corticothalamobulbäre, synergetisch thätig. Ihre Innervation ist associirt. Dies kann man sich leicht vorstellen, wenn man an die vielfachen anatomischen Beziehungen denkt, die theils mittels Collateralfasern, theils mittels Verbindungen der Zellen unter sich in der Hirnrinde, zwischen der Rinden-Thalamus-Faserstrahlung und der corticobulbären existiren. In den Fällen, wo die Mimik eine rein willkürliche ist und unmittelbar durch eine Bewegungsvorstellung bestimmt wird, geht natürlich der Impuls von der psychomotorischen Rinde aus; bei der Reflexmimik schlägt er einen andern Weg ein; aber in beiden Fällen tritt der Thalamus in Thätigkeit nach Art eines selbstthätigen Mechanismus, den sowohl die verständige Hand des Meisters als auch eine zufällige und unbewusste Gewalt in Bewegung setzen kann.

Freilich zeigen diese beiden Bahnen nicht immer jene associirte und synergische Innervation, nicht immer besteht zwischen ihnen jenes functionelle Gleichgewicht. In der Kindheit, wenn die corticobulbäre Bahn noch unentwickelt ist, bei Agenesie der letzteren, oder wenn sie durch Krankheit theilweise vernichtet ist, beherrscht die thalamobulbäre Bahn ausschliesslich das Mienenspiel. Das letztere wird demzufolge das eigenthümliche Gepräge des Gezwungenen und Übertriebenen zeigen, während die einzelnen Bewegungen der Gesichtsmuskeln auf Geheiss oder durch einzelne Willensakte des Individuums nicht leicht ausgeführt werden können.

Ein ähnlicher Defekt der Mimik, wenn auch weniger ausgesprochen, besteht, wenn die zuleitenden und fortleitenden

Thalamus - Rinden -Verbindungen nicht vollständig oder durch Krankheit unterbrochen oder unpassirbar geworden sind.

Bei Läsionen der Thalamusbahn kann die corticobulbäre Bahn, wenn sie vollkommen entwickelt und bereits zum Zusammenwirken mit jener befähigt ist, mehr weniger gut deren Aufgabe ausführen, aber die Mimik wird etwas Gekünsteltes, Mühsames, Ungeübtes haben und jene Spontaneität entbehren, die ein wesentlicher Factor des Ausdrucks ist.

Wie ich jedoch schon bemerkt habe, ist die klassische Lehre viel reservierter und scheint kein Compromissverhältniss zwischen den beiden Nervenbahnen zuzulassen. Ich möchte mir jedoch die Bemerkung erlauben, dass die Thatsachen der mimischen Dissociation spärlich und im Allgemeinen nur summarisch studirt sind. Sie müssen revidirt und einer erneuten Kritik unterzogen werden, besonders was die unmittelbar und später der Thalamuszerstörung folgenden Symptome anlangt.

Ob meine Hypothese der Beachtung werth ist, werden zukünftige Beobachtungen lehren; einstweilen scheint sie mir logischer zu sein als das gewöhnlich von den Neurologen angenommene Schema, und die Physiologie der Mimik des Denkens besser zu erklären.

Auch die Frage, ob der corticale und bulbäre Ursprung des Facialis ein mehrfacher oder einfacher ist, wird meines Erachtens durch das Experiment entschieden werden müssen. Wie schon bemerkt, sprechen auch Gründe physiologischer Natur gegen die Verwerfung der Mendel'schen Ansicht über die bulbären Ursprünge des Facialis und derjenigen Monakow's, Wilbrand's und anderer über sein corticales Centrum.

Capitel III.

Die Mimik der Aufmerksamkeit bei den Thieren.

Haben die Thiere eine Gedankenmimik? Ich zögere nicht, diese Frage zu bejahen.

Gewiss lässt sich dieselbe nicht mit der des Menschen vergleichen; es dürfte auch unmöglich sein, zu beweisen, dass die Thiere einen die innere Aufmerksamkeit oder die gedankliche Concentration im eigentlichen Sinne bekundenden Ausdruck besitzen.*) Wie sie aber der sensorischen Aufmerksamkeit und der constanten und intensiven äusseren Beobachtung fähig sind, so lässt sich bei ihnen auch eine die Abwicklung der gedanklichen Thätigkeit verrathende Mimik nicht ausschliessen. Anderseits kann man annehmen, dass die Aufmerksamkeit bei den Thieren weniger frei von affectiven Elementen ist als beim Menschen und dass dieselben niemals jene geistige Höhe erreichen, bei welcher die Bethätigung der Aufmerksamkeit auf ein rein gedankliches Object gerichtet ist. Aus dieser Annahme würde folgen, dass bei den Thieren die Mimik des Denkens weniger charakteristisch ist als bei dem Menschen und dass sie zu dem Grade der jeder Thierspecies eigenen Intelligenz im Verhältniss steht.

Doch darf man nicht vergessen, dass uns für exacte und vollständige Beobachtungen über die Seele der Thiere nicht immer günstige Bedingungen gegeben sind. Ueber das sociale Leben der Thiere, ihre Art zu arbeiten, zu spielen z. B., fehlen längere Beobachtungen. Und gerade beim Spiel wird eine „Luxusaufmerksamkeit" bethätigt (Ribot). Sigmund, Preyer, Sikorski, Groos bezeichneten gewisse Spiele als

---

*) G. v. Uexküll, Im Kampfe um die Thierseele. Wiesbaden 1902. Der Autor discutirt die strittige Frage nach dem Bewusstsein der Thiere. Es finden sich hier die Ansichten von Forel, Loeb u. A. verzeichnet.

Experimente, weil bei ihnen das Thier, nach Art des Kindes, sich mit der Aussenwelt zu messen sucht, um sie besser kennen zu lernen. Und das geschieht zur Befriedigung nicht nur der eigentlichen Instincte, sondern jenes intellectuellen Gefühls, welches an das Bewusstsein der eigenen Thätigkeit, an die Empfindung, die Ursache von Etwas zu sein, wie Groos sagt, gebunden ist.

Das Wenige, das wir über die Thierpsychologie wissen*), beweist uns, dass es Arten giebt, bei denen das Vermögen des Aufmerkens, des Vorhersehens, des Wählens wirklich überraschend gross ist.**)

Es ist daher kein Wunder, wenn bei diesen Species die Mimik des Aufmerkens differenzirter ist als wir uns vorstellen, aber es fehlt uns zu sehr an einer Sammlung objectiver Beobachtungen, mit denen man ein so wichtiges Capitel der Psychologie und vergleichenden Physiologie bearbeiten könnte.

Uebrigens wird die Kenntniss der Aufmerksamkeitsmimik bei dem Thiere solange eine unvollständige sein, als der Psychologe wie der Künstler nicht die Momentphotographie dazu verwendet. Beide müssen die Muskeln und ihre Thätigkeit kennen; dies war die Ansicht des berühmten Leonardo. Guyau sagte treffend: „Die Fiction ist keine nothwendige Bedingung des Schönen . . ., sie ist eine Beschränkung desselben. Das Leben, die Wirklichkeit, das ist das wahre Ziel der Kunst." Die Augenblicksphotographie hat z. B. die künstlerische Tradition in der Darstellung des Pferdes durchbrochen. Es ist wahr, dass in der griechischen Kunst der physiologische Veris-

---

*) Ueber Thierpsychologie siehe die Werke von Leroy, Carus, Schneider, Wundt, Büchner, Espinas, Romanes, Lloyd, Morgan, Flourens, Alix, Foveau de Courmelles, Forel, Loeb, Bethe u. A. Bei Karl Groos, Die Spiele der Thiere, Jena, 1896, werden mehrere Fragen behandelt und einzelne Thatsachen mitgetheilt; hier findet sich auch ein reiches Litteraturverzeichniss. Vergleiche auch mein Buch: „Die Träume"; psychologische und klinische Studien. Deutsche Ausgabe. Halle 1900. III. Cap.: „Die Träume der Thiere" (mit Litteratur).

**) Interessante Anekdoten über die Gewohnheiten der Thiere finden sich erzählt in den Werken von Naumann, Rengger, Lenz, Brehm, Diezel, Darwin, Cornist etc. Vergl. C. J. Cornist, Animals at Work and Play etc. London 1897.

mus nicht immer fehlt. Duhousset*) zeigte, dass manche Pferde des Parthenon einen so natürlichen Galopp haben, als wäre dieser an chronophotographischen Serien studirt worden. Aber wie viele dieser Darstellungen sind falsch und ungenau!

Die kürzlich von dem Physiologen Marey gemachten photographischen Studien der Bewegungen bei den Vögeln und andern Thieren werden sicher zur vollständigeren und genaueren Kenntniss des mimischen Verhaltens beim Aufmerken beitragen.

Riccardi**) beschrieb in einem werthvollen Essai die Haltung und den Ausdruck, welche verschiedene Thierspecies im Moment der künstlich hervorgerufenen Aufmerksamkeit annehmen. Aus seinen Beobachtungen zog er den Schluss, dass die Thiere auf verschiedene, mehr oder weniger complicirte, im Uebrigen auf folgenden Grundthatsachen beruhende Weisen ihre Aufmerksamkeit zu erkennen geben:

a) wenn die Aufmerksamkeit während ihrer Bewegung erregt wurde, durch Unterbrechung dieser,

b) durch Anpassung der Sinnesorgane zwecks besserer Wahrnehmung des Eindrucks,

c) dadurch, dass sie das vollkommenste Sinnesorgan in die zweckmässigste, wenn auch für die übrigen Organe ungünstige Lage bringen,

d) im Allgemeinen durch Einnehmen einer Pose des Aufmerkens, die oft mit dem Ausdruck der Scheu, Furcht und Ueberraschung verbunden ist,

e) mit ausgiebigster Bethätigung der Sinnesorgane, Bewegungen der Augen, Ohren, der Nase,

f) durch Unbeweglichkeit; wenn das Thier sich einige Male bewegt, so geschieht dies, wenn die Aufmerksamkeit durch die Neugier ersetzt worden ist, oder aus dem Bestreben, das Objekt oder die Beute sich anzueignen.

Riccardi glaubt auch aus seinen Beobachtungen folgern

---

*) E. Duhousset. Le cheval dans la nature et dans l'art, Paris 1902. Vergl. P. Richer, Introduction à l'étude de la figure humaine, Paris 1902.

**) Riccardi, Paolo, Saggio di studi e di osservazioni intorno all'attenzione nell'uomo e negli animali. II. Theil. Modena, Società tipografica. 1877.

zu dürfen, dass bei den Thieren die Aufmerksamkeit um so deutlicher und bestimmter und um so mehr eine psychische ist, je höher sie in der Thierreihe stehen, dass sie in den Sinnesorganen die einzigen und die mächtigsten Mittel der Entwicklung haben und dass die Aufmerksamkeit bei ihnen um so genauer und entwickelter ist, je vollkommener ihre Sinnesorgane sind.

Aber wir müssen noch mehr ins Einzelne gehen und die Angaben, die sich in der Litteratur finden, sowie meine eigenen, wenn auch sehr spärlichen Beobachtungen in Betracht ziehen.

Nach Darwin's Angaben zeigen die anthropomorphen Affen wie der Mensch horizontale Stirnrunzeln, wenn sie die Augenbrauen erheben, aber keine Runzelung der letzteren, wie es beim Menschen der Fall. Es scheint, dass der Schimpanse und speciell der Orang, obwohl sie den Musculus superciliaris besitzen, ihn selten deutlich contrahiren.

Das will nicht besagen, dass die Affen nicht sogar intensiver Beobachtung fähig seien. Der Simia satyrus des Jardin des Plantes zu Paris, den eines Tags Flourens*) in Begleitung mit Geoffroy Saint - Hilaire besichtigte, hörte nicht auf gerade diesen letzteren anzublicken; und ehe beide noch weggingen, nahm er einen Stock, beugte sich wie ein Alter und zeigte durch Nachahmung seines berühmten Besuchers, dass er auch zu beobachten verstand.

Darwin selbst erzählt von Affen, die, begierig eine Schlange zu sehen, mit erhobenem und etwas seitlich gebeugtem Kopf einer nach dem andern sich ihr näherten.**) Diese charakteristische Haltung bemerkt man bei vielen Säugethieren und Vögeln und auch beim Menschen. Die Pferde und Ziegen strecken nach Groos den Hals zur bestmöglichen Beobachtung des Objekts ihrer Neugier.

Bei den Affen scheint auch der Ausdruck des Nachdenkens oder die intellectuelle Mimik nicht zu fehlen.

Pechuel-Lösche sagt von einem afrikanischen Affen (Cerocebus albigena): „Er war sehr neugierig, wenn einige

---

*) Flourens, De l'instinct et de l'intelligence des animaux pag. 44, Fussnote.

**) Darwin, Ursprung des Menschen.

neue Probleme sein Gehirn in Anspruch nahmen. Wenn wir z. B. mit unseren astronomischen Instrumenten arbeiteten oder eine ihm unbekannte Beschäftigung vor uns hatten, so setzte er sich zur Erde oder auf einen Kasten oder eine Tonne, nahm die Miene eines nachdenkenden Menschen an, legte die rechte oder linke Hand an das Kinn oder hielt den Zeigefinger an der Lippe."

Wenn ich auch diese höchst interessante (von Groos citirte) Beobachtung von Pechuel nicht durch eigene bestätigen kann, so habe ich doch wiederholt Gelegenheit gehabt, mich von der Richtigkeit der Darwin'schen Beobachtungen über die sensorische Aufmerksamkeit der Affen zu überzeugen.

Die Faltung der Augenbraue ist bei dem Affen sehr schwer zu sehen. Ich vermochte sie jedoch mehrmals bei zwei Makaken in dem Moment festzustellen, als sich ihnen ein Object ganz aus der Nähe und in einer Höhe darbot, dass sie, um es zu sehen, die Augen stark senken mussten.

Dagegen ist bei ihnen der Stirnmuskel sehr beweglich und es entstehen leicht horizontale Stirnfalten. Wenn sie sich jedoch — ich spreche von Makaken, Pitheken und Kynocephalen — in der Haltung sinnlicher Beobachtung befinden, z. B. wenn ihre Aufmerksamkeit durch einen Gegenstand erregt wird, beim Fressen von Früchten u. dergl., konnte ich die Horizontalfalten bei ihnen niemals beobachten. Die Stirn erscheint dann fast glatt, die Lidspalten von normaler Weite, die Augen sind gegen das Object gerichtet, aber bewegen sich fortwährend und sehr schnell von oben nach unten und in seitlicher Richtung. Die Aufmerksamkeit verräth sich durch die Haltung des Kopfes und besonders des Mundes, sodass ich die Ueberzeugung gewann, der Ausdruck der Aufmerksamkeit komme bei den Affen nicht weniger mit den Muskeln des Mundes (Zona mimica oralis) als mit denen um die Augen (Zona mimica ocularis) zu Stande

Die Affen haben Querfalten auf der Stirn im Zorn und noch mehr im physischen Schmerz und im Allgemeinen bei Missvergnügen.

Prof. E. Sciamanna, der Gelegenheit hatte, Affen durch längere Zeit in seinem Laboratorium und in seinem Hause

zu halten und zwar Semopitheken, Makaken, Ceben, theilte mir
mit, dass er ebenfalls niemals bei ihnen die Runzelung der
Augenbraue gesehen hat, und bestätigt mir die besondere Bedeutung, welche der Schliessmuskel des Mundes bei diesen
Thieren für die attentive Mimik hat.

Houzeau*) führt viele Thatsachen an zum Beweise, wie
die Thiere alle einen feinen Beobachtungssinn haben, aber in
der Mehrzahl der Fälle ist der mimische Ausdruck nicht sehr
lebhaft. Die Säugethiere, sagt Houzeau, richten beim Aufmerken den Kopf und die Ohren in die Höhe und blicken stier.
Manchmal bewegen sie sich mit Vorsicht und Misstrauen vorwärts, um einen Gegenstand zu betrachten.

Wenn der Fuchs (vulpes magellanicus) von Chile und
Patagonien einen Menschen sieht, nähert er sich ihm so schnell,
um ihn zu beobachten, dass er leicht zu schiessen ist. Auch
Gmelin traf auf seiner sibirischen Reise Füchse (vulpes vul-
garis), die sehr nahe an ihn herankamen, um ihn besser zu
sehen. Der Bär (ursus horribilis), von dem Frémont spricht,
war mit dem Ausreissen von Wurzeln so beschäftigt, dass er
die Leute, die auf ihn zuliefen, nicht bemerkte. Alix**) erzählt, dass er in Tunis mit dem Flintenkolben eine wilde
Katze erschlagen konnte, die einen Vogel so aufmerksam beobachtete, dass sie jenen herankommen liess, ohne sich zu bewegen.
Darwin fand, dass einige kleine Thiere sich auf die Hinterpfoten stellen, um besser beobachten zu können. Auch die
Arten, welche sich angesichts einer Gefahr auf den Boden
legen und sofort flüchten, nehmen im ersten Moment im Allgemeinen diese Stellung zu dem Zweck der Erforschung des
Orts und der Art der Gefahr ein. Der erhobene Kopf, die
steifen Ohren und der gerade nach vorn gerichtete Blick verleihen manchen Thieren einen sehr aufmerksamen Gesichtsausdruck.

Kurz, man kann sagen, dass alles was über die Neugier
der Thiere gesammelt ist, zum Beweis ihres Aufmerksamkeits-

---

*) J. C. Houzeau, Etudes sur les facultés mentales des animaux
comparées à celles de l'homme. Mons. 1872, Bd. II., pag. 139.

**) Alix, L'esprit de nos bêtes. Paris 1890, pag. 65.

vermögens dienen kann. „Die Neugier", sagt Groos, ist die spielend ausgeführte theoretische Aufmerksamkeit."

Die Mimik des Pferdes ist lebhaft und manchmal beredt, aber bei ihm überträgt sich, wie beim Hunde, der Ausdruck schnell und sichtlich auf den ganzen Körper; nicht nur mit den Augen, Ohren und Nüstern, sondern auch mit den Hufen, dem Schwanze, durch Wiehern zeigt es seine Lebhaftigkeit. Beim geringsten Geräusch verräth das Pferd den Ausdruck der Ueberraschung; die nach vorn gerichteten Spitzen der Ohren streben sich zu berühren. Wenn die beiden Ohrmuscheln sich nach hinten wenden, so ist sein Argwohn erregt worden, es fürchtet sich oder will sich zur Wehr setzen; wenn es beide Ohren gleichzeitig nach hinten streckt, so plant es Vertheidigung oder Angriff. Allbekannt ist das ängstliche Benehmen eines scheuen Pferdes. Goodrich[*]) erzählt bei der Schilderung einer Bärenjagd in Californien, dass die Jäger, wenn sie den Bären merken, sich 600 bis 800 Meter von dem Köder entfernt, in der Nähe ihrer gesattelten und gezäumten Pferde verborgen halten. Ein Pferd, das schon oft bei der Jagd verwendet wurde, hält seine Aufmerksamkeit auf den Köder gerichtet, und wenn der Bär sich von dieser Seite nähert, verräth es dies sofort seinem Herrn, nicht durch geräuschvolle Bewegungen, sondern durch tiefe, halb unterdrückte Athemzüge und durch Spitzen der Ohren. Wenn ein oder mehrere Pferde dieses Signal gegeben, springen die Jäger in den Sattel und, sobald sie sämmtlich fertig sind, reiten sie zum Angriff.

Man kann sagen, dass das Pferd, mehr als mit dem Orbicularis oris, dem Musculus fronto-palpebralis und dem Orbicularis palpebrarum, seiner Aufmerksamkeit mit den Nacken- und Ohrmuskeln, mit dem Temporo-auricularis internus und dem inneren Ohrhautmuskel[**]) Ausdruck verleiht (Zona mimica auricolaris).

Ueber das Aufrichten der Ohren bei der Aufmerksamkeit

---

[*]) Goodrich, Illustrated natural history. Bd. I. pag. 162.
[**]) Siehe L. Franck, Handbuch der Anatomie der Hausthiere etc. III. Aufl. Stuttgart. 1892. Chauveau, vergleichende Anatomie der Hausthiere.

drückt sich Darwin so aus: jedes Thier, das die Ohren frei bewegen kann, richtet sie beim Erschrecken oder bei Beobachtung eines Gegenstandes, nach diesem hin, um jedes Geräusch aufzufangen, das von ihm her kommen könnte. Gleichzeitig erhebt es gewöhnlich den Kopf; alle Sinne befinden sich dann in beobachtender Thätigkeit.

In der Kunst findet man nicht selten die Thiere in der Haltung der optischen, acustischen oder olfactiven Aufmerksamkeit dargestellt; aber der Ausdruck ist nicht immer physiologisch wahr, weil der Künstler, um Effekt zu erzielen, gern das emotionelle Element übertreibt.

Daher sieht man in der Kunst bei dem Thiere selten den Ausdruck der reinen Aufmerksamkeit. Wenn die Pferde des Benozzo Gozzoli auf dem Camposanto zu Pisa, die Pferdemonumente des Gattamelata zu Padua, des Colleone zu Venedig, des Can Grande am Grabmal der Scaligerri zu Verona, die Pferde Dürer's und Leonardo's uns wegen ihrer feinen Technik und ihrer ästhetischen Posen überraschen; wenn der „Regimentshund" und das „Pferd des Trompeters" Vernet's, und die berühmten Pferde Meissonier's wegen der Seele, die der Künstler hineinzugeben verstand, Bewunderung verdienen, so können wir doch sagen, dass die Kunst keine physiologisch exacte Darstellung des in reiner Aufmerksamkeit befindlichen Thieres besitzt.

Wenn ich nicht irre, so ist bei den Thieren Palizzis, des unerreichten Kenners und Malers von Thieren, die Aufmerksamkeit immer in bewundernswerther Weise ausgedrückt. Es giebt darunter Pferde, Rinder, Ziegen, Hirsche, Maulthiere, Hunde, die durch die Haltung des Kopfes, durch den Blick und die Stellung des Mundes oft vorzüglich den Zustand ruhiger Aufmerksamkeit, fast des Denkens verrathen. Auf dem Bilde sind die flüchtigen Momente lebhaften Aufmerkens, gewissermaassen der Reflexion, fixirt, welche die Thiere nicht nur gegenüber concreten äusseren Objecten, sondern auch angesichts der Natur und ihrer Phänomene zeigen. Sie sind in dem Augenblick überrascht, wo in ihrem Gehirn Erinnerungen und Gedanken aufblitzen. Palizzi's Thiere haben keine emotiven Züge. Aus ihnen spricht keine Melancholie wie aus den Rindern mancher Maler. Es sind wahre, im Stalle und dem

Felde gezeichnete Thiere; naturwahr, wie die sich spiegelnden Kühe in dem Bilde von Potter. Geht die Kunst vielleicht über die Natur hinaus? Ich glaube es nicht; es ist der Künstler, der das schaut und bildet, was nicht einmal die Momentphotographie festhalten könnte.

Die Künstler machen sich nicht selten ein Vergnügen daraus, die Hausthiere mit menschlichen Beschäftigungen zu malen, Hunde und Katzen, die wie Kinder spielen, wie Handwerker arbeiten, wie Schüler lesen. Vor einiger Zeit sah man in den Schaufenstern der Buchhändler zwei Bilder eines deutschen Künstlers, welche eine Katzenschule und eine Hundeschule darstellten, wo Katzen und Hunde aller Rassen in den verschiedensten und curiosesten Haltungen des Körpers und des Kopfes abgebildet waren, alle aber mit dem deutlichen Ausdruck sensorischer Aufmerksamkeit oder innerer Concentration. In solchen Fällen werden in der That den Thieren menschenähnliche Posen und Geberden beigelegt, aber gerade in der Uebertreibung tritt die Wahrheit zu Tage. In der Carricatur liegt Wahrheit!

Auch die Kunst, die Thiere abzurichten, bietet uns Beispiele ausserordentlicher, wenn auch künstlicher Entwicklung der attentiven Mimik, wie solche jeder aus Circusvorstellungen oder Hunde- und Katzentheatern kennt.

Die Hunde besitzen wirklich eine wunderbare Aufmerksamkeitsmimik. Man braucht nur die Erzählungen der Jäger und der Hundeliebhaber zu hören, mit denen diese Thiere in so trauter Freundschaft leben. Aber hören wir zunächst noch einmal, was Darwin*) hierüber sagt: „Die Hunde jeder Rasse halten oft einen ihrer Vorderläufe lange Zeit gebeugt in die Höhe, wenn sie Wild wittern und sich ihm allmählich nähern; so stehen sie bereit, vorsichtig vorzugehen. Diese Haltung ist sehr characteristisch bei dem Vorstehhunde. Aus Gewohnheit machen sie es genau so jedesmal, wenn ihre Aufmerksamkeit erregt wird. Ich habe gesehen, wie ein Hund an dem Fusse einer hohen Mauer mit erhobenem Beine aufmerksam nach einem von der anderen Seite kommenden Geräusch in die Luft

---

*) Darwin, Der Ausdruck der Gemüthsbewegungen, pag. 131.

horchte, wobei er also nicht die Absicht haben konnte, sich vorsichtig dem Object zu nähern."

Der Hund drückt gewöhnlich seine Aufmerksamkeit durch Erheben des Kopfes, Spitzen der Ohren und durch starr auf den Gegenstand gerichteten Blick aus. Handelt es sich um ein Geräusch unbekannter Herkunft, so bewegt er in der ausdrucksvollsten Weise den Kopf schräg von rechts nach links,

Fig. 7 Aufmerksamkeitsstellungen bei Hunden (grossentheils nach Vecchio). — a) Schoosshündchen, aufmerksam horchend; b) Jagdhund, aufmerksam spürend; c) Jagdhund, nur wenig aufmerksam blickend; d) Jagdhund, sehr aufmerksam spähend; e) Haltung „nieder" vor der Suppe.

um recht genau die Richtung des Geräusches zu erforschen. Dieselbe Bewegung macht er später aus Gewohnheit, auch wenn ihm der Ursprung des Geräusches bekannt ist (Darwin).

Man kann Hunde leicht beim Spähen beobachten oder wenn sie längere Zeit andere, ihnen fremde Hunde oder fremde Personen betrachten. In solchen Momenten ist ihre Mimik frei von erheblicheren emotionellen Elementen und die Haltung besteht, wie ich stets beobachtete, in einer geringen Erhebung des Kopfes und Neigung desselben nach rechts oder links. Die Erhebung einer der Vorderpfoten fehlte oft; der Schwanz war fast immer etwas gestreckt, die Ohren unbeweglich und die Schnauze zuweilen leicht geöffnet.

So oft ich Hunde beobachtet habe, niemals vermochte ich bei ihnen Bewegungen der Gesichtsmuskeln festzustellen, die als specifischer Ausdruck der Aufmerksamkeit hätten gelten können. Was ich bezüglich der Affen hierüber gesagt habe, trifft noch mehr für die Hunde zu; der Orbicularis oris ist zwar sehr bei der Mimik betheiligt (Zona mimica oralis), aber es steht für mich ausser Zweifel, dass die Muskeln des Ohrs vorzugsweise die mimischen Werkzeuge der Aufmerksamkeit beim Hunde sind (Zona mimica auricularis).

Die Mimik mancher Thiere lässt sich sehr bequem in gewissen sehr eigenthümlichen Zuständen studiren, in denen die Erregung der Aufmerksamkeit das Maximum erreicht. In solchen Fällen findet sozusagen eine krankhafte Steigerung derselben, eine Hypermimie statt.

Die Hundeliebhaber verstehen sich genau auf die Mimik dieses treuen und intelligenten Thieres, das Theophil Gautier den „Candidaten für die Menschwerdung" nennt. Bei den Jagdhunden überwiegt die zum Geruchs- und Gesichtssinn in Beziehung stehende Mimik, und das Ideal des Züchters des Spürhundes, des Vorstehhundes und des Windhundes ist gerade dies, bei jenen die Aufmerksamkeit des Riechsinns auszubilden und durch fortwährende Uebung zu verfeinern, bei diesen die Aufmerksamkeit des Auges zu vervollkommnen *). Der Vorstehhund ist in der That ein Produkt der Erziehung. Der Ueberfluss an Wild hat den Vorstehhund vor drei Jahrhunderten geschaffen; die Abnahme des Wildes würde ihn degenerieren und seine Eigenschaften verkümmern lassen, wenn es nicht das „Preis-Suchen" gäbe.

Die Neigung zum Vorstehen ist eine erbliche, aber sie muss entwickelt und durch die Erziehung disciplinirt werden. Mag der Hund kurze oder weite Suche haben, von guter oder schlechter Rasse sein, gut oder schlecht vorstehen, sicher ist,

---

*) A. Vecchio, Der Hund. Manuali Hoepli, Mailand. Aus diesen und anderen Büchern des Autors habe ich einige Beobachtungen über die Hunde entlehnt.

dass, wenn er abgeführt ist, er beim Vorstehen die Herrschaft über sich selbst behalten muss. Allbekannt ist das blitzartige Stehen, das plötzliche Vorstehen in plastischer Stellung des schnellen, lebhaften, eleganten Pointers, das feste Stehen des kräftigen, bedächtigen Spürhundes, des starken italienischen rauhhaarigen Vorstehhundes.

Beim ersten Zeichen: „nieder", muss der Hund sich flach hinlegen und nach dem Belieben des Jägers in dieser Stellung verbleiben. Es ist eine Erziehung der Hemmung. Das Thier, das sich vom Jagdeifer hinreissen lässt, das wenig vorsteht, taugt gar nichts. Die Hunde, welche gut und sicher vorstehen und guten Appell haben, sind gut abgeführt. Der Jagdhund ist beim „Nieder" immer in grosser Aufmerksamkeit, so zu sagen in erwartender Aufmerksamkeit, in einer Art Angst, indem er von einem Augenblick zum anderen das Signal zum Aufstehen erwartet.

Fig. 8. Jagdhunde (nach Vecchio und Andern).

Der gut dressirte Jagdhund bietet den Psychologen in der That das glänzendste Beispiel attentiver Mimik.

Mit gehobenem Kopfe stürzt er ins Feld und durchsucht es in langem Zickzack. Sobald seine Nase nur einen sehr winzigen Geruch wahrnimmt, ändert sich sein Lauf, verlangsamt sich sein Galopp, mit leicht gesenktem Kopfe macht er Bewegungen nach rechts und links, wie wenn er fragen möchte.

Das Thier markirt: das Wild ist da, sein Geruch hypnotisirt den Hund förmlich. Er ist unbeweglich, hypertonisch, die Rute steif gestreckt, einer der Vorderläufe, gewöhnlich der

Fig. 9. Gemeinschaftliches Vorstehen (Vecchio).

rechte, emporgehoben, der Hals aufgerichtet, der Blick starr. Hat der Hund Gefährten, so kann man in diesem Moment beobachten, wie beide sich secundiren. Der andere Hund

Fig. 9a Pointer in erwartender Aufmerksamkeit.

ahmt ihm nach, steht unter seinem Einfluss und verhält sich wie ein Mensch, der einschläft, wenn er Jemanden dem Auge des Hypnotiseurs unterliegen sieht. Wenn das Wild auffliegt oder flüchtig wird, so läuft ihm der abgeführte Hund nicht nach, sondern legt sich ruhig nieder und verfolgt es mit seinem Blick.*)

Die statuenhafte Unbeweglichkeit ist das hervorragendste Merkmal des Jagdhundes, es ist eine Art Aufmerksamkeitsparoxysmus.

In England wurde ein prächtiges Bild gemalt, das einen schwarzen Jagdhund (Canis sagax), namens Pluto, und dessen Hündin, Juno, vor einem Rebhuhn stehend, darstellt. Der Maler zeichnete über eine Stunde und beide blieben während dieser ganzen Zeit wie versteinert. Die Kunst der Hundemaler, wie Rosa Bonheur, Landseer, Sperling, G. B. Quadrone und auch die neueren Jagdbilder von E. Cecconi liefern vorzügliche Beispiele von Hunden mit dem Ausdruck der Aufmerksamkeit.

Diesen letzteren kann man jedoch bei allen Thieren beobachten. D'Annunzio giebt im „Feuer" folgende wunderbare Beschreibung des Hasen: „Haben Sie einmal den Hasen beobachtet, wie er in der Frühe aus den thaufrischen Furchen des Ackers herauskommt, eine Strecke über den Reif dahinläuft, sich auf die Hinterpfoten setzt, die Ohren spitzt und am Horizont Umschau hält? Friede strahlt aus seinem Auge auf das Weltall, unbeweglich lässt er den Blick auf den nebeldampfenden Feldern ruhen — ein Waffenstillstand in seiner ewigen Unruhe! Kann man sich ein besseres Bild vollkommenen Seelenfriedens denken! In diesem Augenblick ist er ein heiliges, anbetungswürdiges Thier . . ."

Uebrigens zeigen auch die Vögel charakteristische Zustände sensorischer Aufmerksamkeit. Sie beugen den Kopf nach der Seite des Reizes und wenn das Objekt einen starken Eindruck auf sie macht, bleiben sie stehen und erheben ein Bein oder sie machen zahlreiche Bewegungen und gackern und zwitschern. Auf der Eulenjagd kann man das sehr bequem sehen. Mit grosser Leichtigkeit geht bei den Vögeln die attentive Mimik in eine rein emotionelle über. Gleichwohl kann dieses Beugen des Kopfes, als betrachteten sie das Object nur mit einem

---

*) Vergl. A. Vecchio, Il cane in azione o le prove sul terren. Mailand 1899.

Auge, dieses unbewegliche Beharren in einer so eigenthümlichen Haltung als echter und eigenartiger Aufmerksamkeitsausdruck betrachtet werden. Der Hahn, der Papagei und der Sperling geben in diesem Momente keine eigentliche Emotion kund; sie beobachten nur, spähen, nähern sich dem Objecte, um es in seinen Einzelheiten kennen zu lernen. Die emotive Mimik folgt erst nachher, wenn das Object erkannt und beurtheilt und die Ursache von Furcht oder Freude geworden ist.

Vogelzüchter und Vogelliebhaber wissen beide Momente wohl zu unterscheiden und die Augenblicksphotographie könnte beide Arten der Mimik leicht festhalten.

Unter den zahlreichen Beobachtungen über die sogenannte Hypnose der Thiere (experimentum mirabile de imaginatione gallinae von P. K i r c h e r) finden sich manche Beweise für die attentive Mimik, — eine abnorm gesteigerte Mimik, die aber, wie alle pathologischen Vorgänge, den normalen Ausdruck zu erklären dient. Man braucht nur die Litteratur von Daniel S c h w e n t e r (1636) und P. K i r c h e r (1646) bis zu **Max V e r w o r n** *) durchzugehen. Welche Deutung man diesem Phänomen auch geben mag, und wenn man auch annimmt, dass es mit der Hypnose beim Menschen nichts zu thun hat und, nach V e r w o r n**), wesentlich in einem durch intensive Sinneserregung bedingten Hemmungsprocess besteht, so lässt sich doch nicht leugnen, dass manchmal der Hypertonie und Unbeweglichkeit des Thieres eine starke und deutlich erkennbare Richtung der Sinne des Thieres selbst gegen den äusseren, ungewohnten und ungewöhnlich kräftigen Reiz vorausgeht; die Zauneidechse z. B. kann dadurch, dass man ihr einen Spiegel vorhängt, ganz bewegungslos werden, die Schlangen werden durch einen einzigen Dudelsackton oder durch die einförmige Melodie einer Nänie verzaubert. Es handelt sich nicht immer um Schlaf, Starrheit oder Bewusstseinsverlust bei den Experimenten thierischer Hypnose; häufig hat man es mit

---

*) M. V e r w o r n, Beiträge zur Physiologie des Centralnervensystems. I. Theil. Die sogenannte Hypnose der Thiere. Jena. F i s c h e r 1899. Eine vollständige, kritische und originelle Arbeit mit Litteratur.

**) cfr. cit. pag. 65 und 91.

einem blossen und eigenthümlichen Haften des Thieres an
dem Object zu thun.

Das Thier dürfte sich also in einem Moment des Experiments in dem Zustand einer künstlich erzeugten Aufmerksamkeit befinden*), auf welchen die Starrheit und der Schlaf
folgt. Daraus ergiebt sich, dass der sichtbare Ausdruck, welchen,
wenigstens im Beginn des Experiments, Auge, Kopf und
Rumpf des Thieres zeigen, nichts anderes ist als derjenige
einer äusseren oder sensorischen Aufmerksamkeit, nur in hochgradigster Steigerung.

Sollte nicht die Aufmerksamkeit auf einer Hemmung beruhen, oder, wie Fechner sagt, darin, dass einige Bezirke
der Hirnrinde zu Gunsten der Thätigkeit einer einzigen schlafen?
Hat die verzückte Schlange nicht grosse Aehnlichkeit mit dem
Vorstehhunde?

Dieser kurze Excurs in das noch so wenig bebaute Feld
der Aufmerksamkeitsmimik bei den Thieren berechtigt uns bereits zu einigen Schlussfolgerungen, die für die vergleichende
Psychologie nicht ohne Werth zu sein scheinen.

1. Bei den höheren Thieren, bei welchen eine attentive,
von der emotiven in gewissem Grade unterschiedene Mimik
angenommen werden kann, lehrt die Beobachtung, dass dieselbe noch keine solche Differenzirung erreicht hat, die sich
mit der des Menschen vergleichen liesse. Bei ihnen ist also,
mehr als beim Menschen, die Mimik der Aufmerksamkeit eine
abgeschwächte emotionelle.

2. Die höheren Thiere, einschliesslich der Primaten, besitzen im Gesicht noch kein eigentliches Centrum für die
attentive Mimik, wie wir sie beim Menschen kennen lernen
werden. Bei einigen scheint an der Aufmerksamkeit die Ohr-
mimik, bei andern die Mundmimik besonders betheiligt.

---

*) Bezüglich der Psychologie der conativen Aufmerksamkeit und
ihres Verhältnisses zur natürlichen siehe S. de Sanctis, L'attenzione e
i suoi disturbi. Saggio di psicologia clinica. Rom 1896; Lo studio dell'attenzione conativa, Atti della Soc. Romana di Antropologia. Bd. IV, Heft II.
Lanciano, 1897, Ricerche psicofisiologiche sull'attenzione dei normali e dei
psicopatici, Bull. della Soc. Lancisiana, Rom, Heft II. Jahrg. XVII.
1897; Studien über die Aufmerksamkeit, Zeitschrift für Psychologie und
Physiologie der Sinnesorgane. Bd. XVII.

3. Ein wesentliches Merkmal der attentiven Mimik der Thiere ist ihre Vertheilung und Irradiation auf den Kopf und den ganzen Körper (Unbeweglichkeit, Muskelspannung), worin sich der Einfluss des affectiven Elements verräth. Während der Mensch fähig ist, mit einer auf eine kleine Muskelzone des Gesichts beschränkten expressiven Thätigkeit aufzumerken und angestrengt nachzudenken, ist dies den Thieren nicht möglich, bei denen, sobald die Aufmerksamkeit sich steigert, die Mimik einen emotionellen Charakter gewinnt, d. h. sich über den ganzen Körper zu erstrecken strebt.

4. Das beweist, dass bei den Thieren, auch den höheren, die Entwicklung der Aufmerksamkeit noch nicht die Stufe der Selbständigkeit erreicht hat: ihre Bethätigung ist noch eng mit dem Instinct und der Emotion verknüpft. Physiologisch ausgedrückt heisst dies, dass bei ihnen die der intellectuellen Thätigkeit parallele Nervenerregung nicht kanalisirt ist, eben weil die Function gewisser Nervencentren und -bahnen noch nicht befähigt ist, eine ausreichende Hemmung auf andere Centren und Bahnen, wie es beim Menschen der Fall, aus-zuüben. Daher sich die mimische Bewegung so leicht zer-streut und irradiirt.

Capitel IV.

Die Mimik des Denkens bei Kindern und Greisen.

Säuglinge und kleine Kinder können Zustände tiefer und anhaltender Aufmerksamkeit haben; in jedem beliebigen Alter sind sie intensiver Aufmerksamkeit fähig. Nur durch einige grundsätzliche Merkmale unterscheiden sie sich darin von älteren Kindern und Erwachsenen, d. i. erstens dadurch, dass ihre Concentration immer eine sinnliche ist; ausnahmsweise findet bei ihnen auch eine Reflexion statt; diese macht sich kaum in der zweiten Kindheit durch äussere Zeichen erkennbar. Zweitens dadurch, dass die attentive Mimik bei ihnen gewöhnlich sehr schwach ist, und drittens, weil beim Säugling viel deutlicher als in späteren Jahren die Aufmerksamkeit eine passive oder besser eine reflectorische ist*); das Kind wird so zu sagen vom Object erfasst; das Object ist es, das es in Aufmerksamkeit erhält.

Die attentive Mimik ist beim Säugling, wie schon bemerkt, gewöhnlich schwach. Ich habe gegen 30 Kinder beiderlei Geschlechts unter 2 Jahren und circa 50 im Alter von 2 bis 8 Jahren selbst untersucht; ausserdem habe ich Dank der Freundlichkeit mehrerer Photographen, die mir ihr reichhaltiges Lager zur Verfügung stellten, mehrere Hundert Momentaufnahmen von Säuglingen und Kindern studirt. Aus diesem

---

*) Es handelt sich gerade um jene Reflexaufmerksamkeit, welche Ladd und Hoeffding als primäre bezeichnet haben. In Wirklichkeit ist es keine von höheren Bewusstseinsprocessen begleitete Aufmerksamkeit. Ob die Bezeichnung: Aufmerksamkeit — jenen Zuständen zukommt oder nicht, darüber ist viel gestritten worden. Man lese z. B. eine neuere Schrift von F. H. Bradley: On active Attention, in Mind XI. Nr. 41, Januar 1902.

Material sind meine Beobachtungen ausschliesslich hervorge-
gangen; die Literatur bietet über diesen Punkt keine Mittheilungen.*)

Ich bin der Meinung, dass der Ausdruck der Aufmerksamkeit wie auch der Ueberraschung und der Neugier bei den
Säuglingen weniger lebhaft ist als bei den Erwachsenen. Doch
giebt es hier eine Ausnahme. Manchmal erscheint ihr attentiver Ausdruck energisch, wenn auch das Dazwischentreten der
affectiven Elemente sich scheinbar in beschränkten Grenzen
hält. Das ist der Fall, wenn das Aufmerken ganz passiv, rein

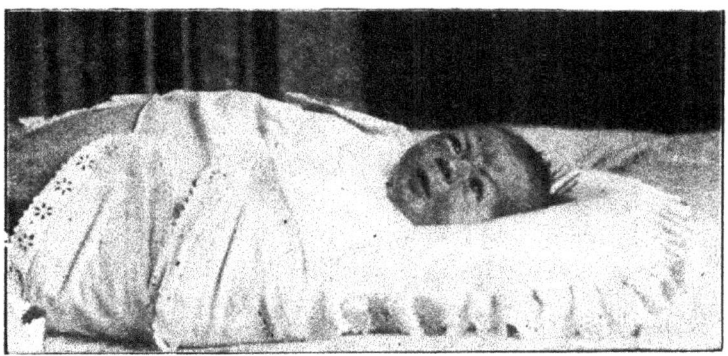

Fig. 10. 2 Tage altes Kind im Moment, als es das Fenster fixiert.
Blickaufmerksamkeit.

reflektorisch, wie beim neugeborenen Kinde, vor sich geht. Die
Abbildung 10 ist meines Erachtens hierfür sehr instruktiv.
Sie zeigt ein zwei Tage altes Kind, dessen Aufnahme in dem
Moment erfolgte, als seine Aufmerksamkeit sehr stark von
der Helligkeit des Fensters, gegen das seine Augen gerichtet
sind, erregt wurde. Der Gesichtsausdruck ist lebhaft; der
Musculus frontalis und supraciliaris in Thätigkeit, der Mund
halbgeöffnet, der Kiefer hängt schlaff herab, wie man es
häufig bei aufmerkenden Kindern sieht. Es befindet sich also
der obere Theil des Gesichts, die mimische Augenzone, in

*) Unter den an der Clark University in der Zeit von 1894 bis 1903
für das Studium der Kindespsychologie vorgelegten Fragen befindet sich
keine auf die Aufmerksamkeitsmimik bezügliche Sache. Siehe American
Journal of Psychology, Januar 1903, das eine ausführliche Bibliothek über
die Psychologie des Kindes enthält.

Contraction, die untere, die Mundzone, in Erschlaffung. Der Orbicularis oris ist deutlich in Ruhe. Dieses Kind zeigt also eigentlich die Mimik eines Erwachsenen, der aufmerksam blickt, nur mit dem Unterschied, dass das Verhalten des Gesichts nicht das Bestreben, zu sehen, sondern vielmehr Selbstanpassung an den Reiz darstellt. Aus dieser Haltung spricht ein Lust-

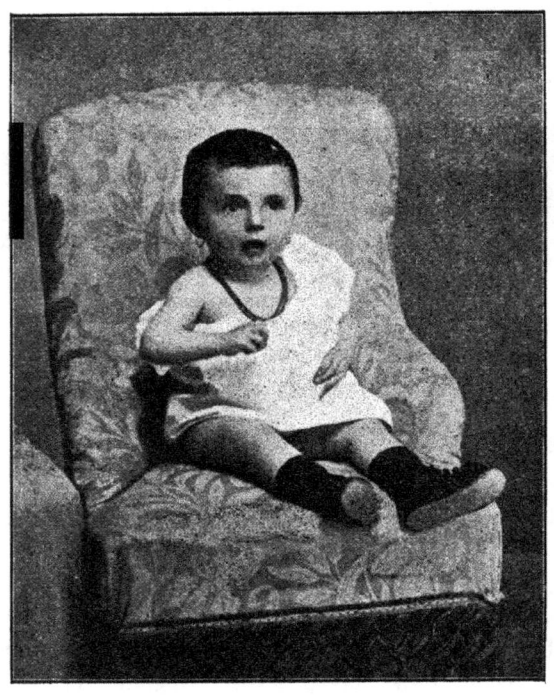

Fig. 11. Kind von 14 Monaten, in dem Moment aufgenommen, als es auf den Lärm einiger Schellen hört (acustische Aufmerksamkeit). Aktion der mimischen Mundzone. Kein Unterschied gegenüber der optischen Aufmerksamkeitsmimik.

gefühl; es scheint, dass der Lichtreiz für das neugeborene Kind kein übermäßiger ist. Denken wir uns jedoch für einen Augenblick, der Reiz wäre thatsächlich ein derartiger; dann würden wir den Orbicularis palpebrarum in grösserer Thätigkeit und die Augen geschlossen sehen; gleichzeitig würde die Physiognomie jeden Ausdruck des Aufmerkens verlieren und den der Unlust oder des sinnlichen Schmerzes gewinnen. Bei diesem Kinde wäre also das Aufmerken nichts Anderes als eine lustbetonte Anpassung des Organs an den Reiz; eine Anpassung, die unmittelbar durch den Reiz selbst hervorgerufen ist. (act of presentation Titchener's.)

Wohlverstanden, es soll damit nicht gesagt sein, dass das Kind nicht auch bei übermäßig starkem Lichtreiz im Zustand der Aufmerksamkeit sich befinden kann; dann aber wird zu seiner Miene noch etwas Abwehrendes treten, d. h. eine mäßige Action des Musculus orbicularis palpebrae; die Augen werden

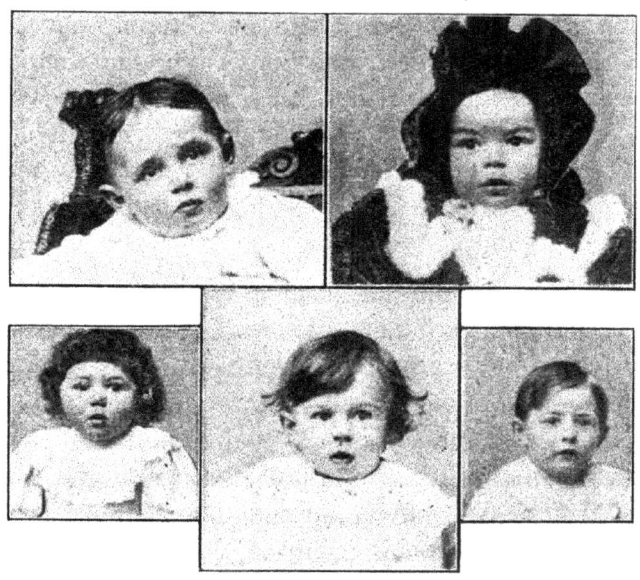

Fig. 12. Kinder von 6 bis 20 Monaten. Optische Aufmerksamkeit. Action der mimischen Augen- und Mundzone. (Felicetti, Rom, Phot.)

sich mehr oder weniger schliessen, während die Physiognomie unter der Mitwirkung der Nasenmuskeln eine leichte Unlust zum Ausdruck bringen wird und die attentive Mimik mit einer leicht schmerzlichen verknüpft ist, wie man es leicht constatiren kann auf Momentphotographien von Personen, die in grelles Licht blicken.

Weitere Momentphotographien von demselben Kind, die nach zwei, fünf und zwölf Monaten aufgenommen wurden, zeigen indess die wichtige Thatsache, dass allmählich, wie die

Aufmerksamkeit etwas von ihrem reflektorischen Charakter verliert, die attentive Mimik schwächer zu werden pflegt. Das Fehlen der horizontalen und verticalen Falten an der Stirn ist sicherlich bedingt durch die inzwischen erfolgte Aenderung des Hautgewebes, zweifelsohne zum Theil aber auch durch die schwächere Runzelung der Augenbraue. In der That zeigt meine Beobachtung, dass die Haltung bei Blickaufmerksamkeit bei Säuglingen von wenigen Monaten mehr accentuirt ist als im späteren Alter.

Dies erscheint natürlich, da beim Säugling und Kind die active Thätigkeit nicht so stark sein kann, um denselben mimischen Effekt zu haben, der beim Neugeborenen durch die reflectorische Reaction auf den Lichtreiz erzeugt wird. Andererseits ist bekannt, dass mit der fortschreitenden Entwicklung des Nervensystems die die Reflexbewegungen hemmenden Funktionen sich etabliren (Rinden-Thalamusstrahlung und Rinden-Bulbusstrahlung).

In manchen meiner Experimente über die Entwicklung der Aufmerksamkeit bei den Kindern fand ich die Richtigkeit meiner obigen Beobachtungen bestätigt. Ich bediente mich der Methode, die Baldwin als dynamogene bezeichnet hat*), d. h. ich rief bei Kindern durch geeignete Reize Bewegungen hervor und nach der Intensität und Extensität der motorischen Reactionen beurtheilte ich den Grad der Aufmerksamkeit, den sie gegenüber den Reizen selbst zeigten. Schon Münsterberg**) hatte sich beim Studium des motorischen Effekts der Vorstellungen bei normalen erwachsenen Personen einer Methode bedient, mit welcher er Umfang und Richtung der Kopf- und Augenbewegung unter der Einwirkung verschiedener optischer

---

*) Baldwin wies auf diese Methode hin in der Science of New-York, April 1893, und beschrieb sie in seinem Werk Mental development in the Child and in the Race (Französische Uebersetzung, Paris 1897). Aber schon Warner und Münsterberg sind bei einigen psychologischen Untersuchungen mit demselben methodologischen Kriterium vorgegangen, das Baldwin leitete.

**) H. Münsterberg und W. W. Campbell, The motor Powes of Ideas, in: The psychological Review, Bd. I, Nr. 15, September 1889.

Reize messen konnte, und der berühmte Psychologe hatte bereits
die Wichtigkeit dieser Methode für das Studium der Aufmerk-
keit entdeckt.

Ich berichte hier über drei meiner besser gelungenen Beobachtungen:

1. 4 monatiges Kind; es liegt zu Bett, in wenig heller
Umgebung und scheint einschlafen zu wollen. Ich nähere
seinem Auge plötzlich auf circa 50 Centimeter eine grosse
brennende Wachskerze; das Kind macht eine schnelle Bewegung mit dem ganzen Körper, fixiert alsbald das Licht, zeigt
dabei Senkung und Faltung der Augenbraue, leichte Hebung
der unteren Lider, geschlossenen Mund. Nach 10 Sekunden,

Fig. 13. Drei Kinder, aufmerksam blickend. Ueberwiegende Thätigkeit
der mimischen Mundzone. Das erste Kind (von links angefangen) befindet
sich in ruhiger Aufmerksamkeit, das zweite in lebhafter, das dritte in
ruhiger, aber unbehaglicher (F e l i c e t t i , Rom, Phot.).

bevor die Flamme erlischt, bemerke ich, dass das Kind noch
fortfährt dieselbe zu betrachten, aber der Mund ist leicht geöffnet, die Lidspalten sind weiter, die Senkung und Faltung
der Augenbraue bestehen fort.

2. Kind von 11 Monaten; es steht auf dem Schooss der
Mutter und spielt mit einem Faden in wenig heller Umgebung.
Ich will ein Licht anzünden, aber beim Streichen auf der
Oberfläche der Schachtel giebt es einen lauten Knall und kein
Feuer. Das Kind wendet sich sofort nach mir, sieht mich an,
und ich kann nun beobachten, dass die Augenbraue gesenkt
und gefaltet, der Mund geschlossen ist. Dieses Verhalten

dauert jedoch nur wenige Sekunden, worauf das Kind sich wieder anderweitig beschäftigt.

3. Mädchen von 2 Jahren, intelligent, beschäftigt sich.

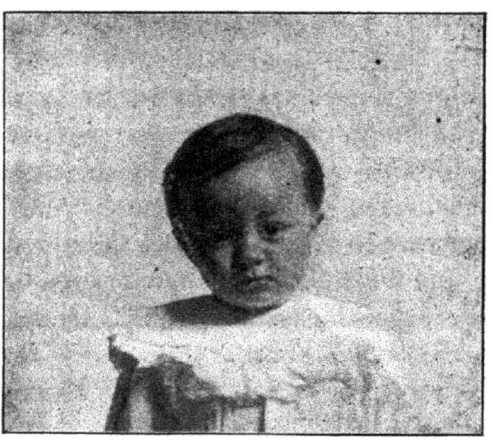

Fig. 13a. Kind von wenigen Monaten mit schwacher optischer Aufmerksamkeit.

täglich viele Stunden mit Spielen und zeigt dabei stets anhaltende Aufmerksamkeit. Bei meinen wiederholten Beobacht-

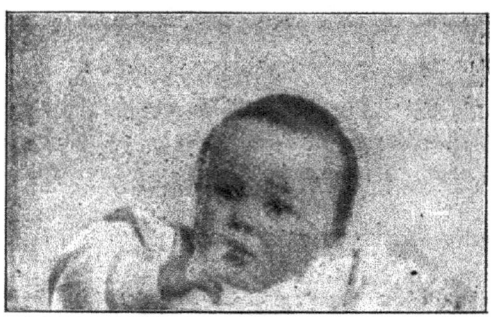

Fig. 13b. Dasselbe mit intensiver, provocirter, optischer Aufmerksamkeit.

ungen war die attentive Mimik schwach, besonders in der Augenzone, in der Mundzone manchmal scharf ausgeprägt (Contraktion des Musculus orbicularis, Mund trichterförmig, oder der Unterkiefer herabhängend).

An diesen Kindern stellte ich vier Versuche an: einen mit gewöhnlicher Streichholzflamme, 2 mit bengalischem, rothem Licht, einen mit elektrischem Licht. Bei allen vieren bemerkte ich, dass die optische Erregung unmittelbar eine sichtbare und gleichstarke Contraktion des Orbicularis palpebrae und Supraciliaris hervorrief. Nach einigen Sekunden zeigt das Kind dasselbe, aber etwas schwächere mimische Verhalten und gleichzeitig kann man feststellen, dass es mit lebhaftem Interesse das Verlöschen des Zündholzes oder die rothe Farbe des bengalischen Lichtes oder die Form und den Glanz der elektrischen Lampe betrachtet.

So dürftig und bescheiden diese Untersuchungen sind, so zeigen sie doch deutlich,

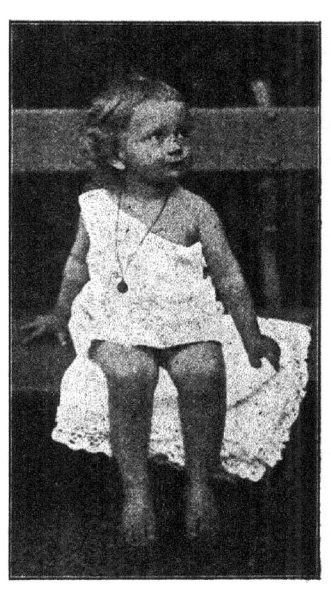

1) dass die attentive Mimik beim Kind als Fortsetzung der reflektorischen, durch optische Eindrücke erzeugten erscheint, und dass beide nur an Intensität verschieden sind, indem die erstere allmählich an Schärfe verliert, je weiter sie sich von dem Zeitpunkt des optischen Reizes entfernt;

2) dass die acustischen Erregungen, und nach Sergi*) auch die tactilen, beim Kinde eine Mimik hervorrufen, welche der von optischen Reizen in der Augenzone erzeugten gleicht, und zwar in dem Maasse, dass das mehr oder weniger intensive Blinzeln, welches beim Kinde auf Geräusche oder Töne hin auftritt,

Fig. 14. 18 Monate altes Kind, aufgenommen in dem Augenblick, als es einer fliegenden Schwalbe nachschaute. Optische Aufmerksamkeit (E. di Sambuy, Turin, Phot.)

das sicherste Zeichen bildet, um in zweifelhaften Fällen die angeborene Taubheit auszuschliessen;

*) Prof. Sergi theilte mir freundlichst einige seiner Beobachtungen und Versuche mit, die er an einem seiner Kinder in den ersten 30 Lebenstagen ausgeführt hat. Er bemerkte, dass, auch wenn das Gesicht an verschiedenen Punkten berührt wird, das neugeborene Kind die Augen schliesst und die Augenbrauen runzelt.

3) dass das Kind bei der natürlichen Aufmerksamkeit eine sehr viel schwächere Mimik zeigt (wenigstens in der Augenzone) als bei der künstlich erzeugten.

Die mimischen Irradiationen sind bei Kindern während des Aufmerkens sehr zahlreich; sie sind sogar die Regel.

Die Concentration und Beschränkung der Aufmerksamkeitsmimik auf die Augenzone ist sehr schwierig; gewöhnlich strahlt sie auf die Mundzone und die Muskulatur des Halses, Rumpfes und der Glieder aus. Bei den neugeborenen Kindern sind jedoch diese Irradiationen nach meinen Beobachtungen nicht zu sehen, sie treten erst allmählich auf, wenn die Aufmerksamkeit anfängt, eine active zu werden. Es scheint, als ob die attentive Mimik bei ihrem Entstehen in der Augenzone sich von hier auf die Muskulatur des Gesichts und des Körpers fortpflanzt, während sie beim Erwachsenen, der an geistige Thätigkeit gewöhnt ist, sich von Neuem auf die Ursprungszone zu beschränken strebt.

Ich habe zwei Momentbilder eines nervösen, aber sehr intelligenten Kindes erhalten, welche zwei verschiedene Grade optischer Aufmerksamkeit ohne Beimengung eines deutlichen emotionellen Bestandtheils zeigen (Fig. 14 und 15).

Es ist ein Kind von 18 Monaten, das auf einer Bank sitzend eine fliegende Schwalbe beobachtet. Im ersten Moment hat die Aufmerksamkeit einen zurückhaltenden, aber bestimmten Ausdruck. Trotzdem dieselbe eine optische ist, erscheint die Augenbraue nur ganz leicht gerunzelt. Im zweiten, einige Sekunden später aufgenommenen Moment, ist das Gesicht lebhafter, die Aufmerksamkeit reger, sodass der ganze Körper daran theil zu nehmen scheint. Es ist ein schönes Beispiel von mimischer Irradiation, d. h. einer Uebertragung der mimischen Bewegungen auf den ganzen Körper, und zugleich eine Bestätigung der Thatsache, auf die schon Chevreul in einem seiner Briefe an Ampère hingewiesen hatte*): „Wenn die Aufmerksamkeit voll und ganz auf einen fliegenden Vogel gerichtet ist . . . , so wendet sich der Körper des Beobachters mehr oder weniger deutlich in der Richtung der Bewegung."

---

*) Citirt von D. Cuyer, op. cit. pag. 49 und 50, Fussnote.

In der That ist die Faltung der Augenbraue sehr ausgesprochen, der Kopf in die Höhe gerichtet, die linke Hand vom Stützpunkt etwas aufgehoben, das linke Bein und besonders der Fuss in starker concentrischer Contraction. Das Kind beobachtet intensiv und zu dem Gesichtsausdruck scheint sich derjenige der ganzen linken Körperhälfte zu gesellen. Es befindet sich sozusagen in einer totalen Hypertonie, sodass der Mund geschlossen ist, während die Kinder gewöhnlich beim Aufmerken den Mund halb offen halten. Die Stellung des Körpers verräth die Tendenz des Kindes sich dem Object zu nähern, gleichsam um es besser und allseitig zu erkennen.

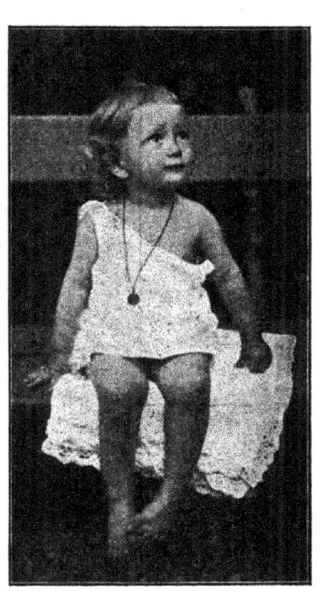

Man kann sich leicht vorstellen, dass bei den Kindern individuelle Unterschiede auch hinsichtlich der Mimik vorkommen. Es dürfte jedoch eine Thatsache überraschend erscheinen, von der ich mich erst kürzlich durch eigene Beobachtungen überzeugt habe. Es giebt nämlich Kinder, welche nur emotionelle Ausdrucksformen annehmen können (Lachen, Weinen, Furcht, Unlust), solche echter Aufmerksamkeit oder des Denkens aber niemals an den Tag legen. Bei anderen

Fig. 15. Dasselbe Kind einige Momente später. Die optische Aufmerksamkeit ist viel intensiver (E. di Sambuy, Turin, Ph.).

wiederum, sogar bei Kindern von zwei bis drei Jahren, habe ich den Ausdruck des Beobachtens und Nachdenkens antreffen können. Zwei erfahrene Photographen, denen ich diese Beobachtung mittheilte, bestätigten mir dasselbe auch bezüglich der künstlich erzeugten Aufmerksamkeit; unter einer gewissen Zahl von Kindern, erklärten sie —, denen man immer den gleichen Gegenstand zeigt, um eine Haltung zu erzielen, giebt es stets einige, deren Physiognomie statt munterer Neugier oder unangenehmer Ueberraschung einfach eine lebhafte Concentration auf das vorgehaltene Objekt verräth. Jeder kann sich wie ich davon überzeugen, wenn er etwa hundert Augenblicksaufnahmen von Kindern studirt. Unter so und sovielen Gesichtern mit Verwunderung oder Furcht wird er auch rein attentive oder reflexive Mienen finden; es sind Kinder, aus denen, nach ihrem Gesichtsausdruck zu urtheilen, Beobachter oder Denker werden können.

Fig. 16. Kopf des hl. Johannes von Guido Reni (Galleria Corsini, Rom).

Von der schwachen, aber deswegen nicht weniger ausdrucksvollen Mimik des Aufmerkens der Säuglinge und Kinder findet man in der Kunst wunderbare Reproduktionen. Jeder kennt die lieblichen Physiognomien und Posen der Engel Philipp Lippi's und den intensiv aufmerksamen und zugleich engelhaft heiteren Ausdruck der Putto's der sixtinischen Madonna von Raphael, den aufmerksam schauenden, so recht natürlichen Ausdruck der beiden Amoretten der Danaë Correggio's. Allerdings kommt bei der künstlerischen Darstellung von Putto's, Engeln, Schutzengeln etc., gewöhnlich mehr das Gefühl als das Denken zur Geltung. Die gedankenvollen Engel, welche Luca Signorelli für das Giudizio Universale (Dom zu

Orvieto) geschaffen hat, sind keine Kinder, sondern kräftige Jünglinge.

Aber auch in der Kunst, wie im Leben, zeigt die Mimik des Denkens bei den Kindern die verschiedensten Grade. Das Interesse für den Gegenstand und die individuelle Disposition sind die häufigsten Faktoren der Varietäten. Der Künstler pflegt den Aufmerksamkeitsausdruck auf Kinderporträts und auf Engelbildern zu steigern durch die Haltung des Kopfes und des Körpers, durch die Bewegungen der Augen, den halbgeöffneten Mund, aber nicht durch die Verschärfung der Muskelcontractionen des Gesichts, welche die Aesthetik der Physiognomie stören würden.

Ich erinnere mich nicht, jemals künstlerische Darstellungen von Kindern mit deutlicher Runzelung der Augenbraue gesehen zu haben. Z. B. befinden sich die beiden dreifarbig gezeichneten Kinderköpfe von Rubens (Museum des Louvre) in der Pose der Aufmerksamkeit: der Mund ist halbgeöffnet bei dem grösseren Kinde, aber die Augenbraue ist nicht gefaltet. Auch bei dem berühmten Johannes von Guido Reni glaube ich eine Pose lebhafter optischer Aufmerksamkeit, die voll frommer Fröhlichkeit ist, zu sehen, doch der Ausdruck kommt zu Stande durch die Kopfbewegung und durch den halboffenen Mund, nicht aber durch deutliche Contractionen der Muskeln im oberen Theil des Gesichts.

Bei alten Leuten erscheint die Aufmerksamkeitsmimik sehr viel ausgeprägter als bei jüngeren, aber das ist nur die Folge der vielen und dauernden Runzeln des Greisengesichts. Wie ich schon andernorts gesagt habe, ist die Physiognomie, der constante Charakter des Gesichts, nicht zu verwechseln mit der Mimik, einer Funktion der Antlitzmuskeln.

Ich glaube, dass in Wirklichkeit die attentive Mimik im Alter schwächer ist als in der Jugend. Auf Grund meiner Beobachtungen möchte ich sogar behaupten, dass, mit Ausnahmen, bei Individuen über 70 Jahre die Mimik des Denkens nicht nur schwach ist, sondern auch seine specifischen Charaktere eingebüsst hat, so dass dieselben Muskelcontractionen beim concentrirten Denken wie bei dem zerstreuten erfolgen. Der physiognomische Ausdruck neigt zu Stereotypie.

Daher kommt es, dass wenn der Künstler in das Antlitz eines Greises den klaren, kräftigen Ausdruck sensorischer oder innerer Aufmerksamkeit legt, die Gestalt einen sehr ausgesprochenen Zug vornehmer, verehrungswürdiger Grösse oder hierarchischer Strenge gewinnt. Dass beim Greise die Mimik gewöhnlich eine schwächliche ist, beweist gleichfalls die Kunst; wenn der Maler alte Leute im Moment der Aufmerksamkeit darstellen will, so giebt er ihnen die Haltungen des Kopfes und Körpers genau wie bei den Kindern.

Man findet in der Kunst auch öfter Greise als Kinder in aufmerksamer Haltung dargestellt. Bekannt sind die Evangelisten des Philipp Lippi in der Kathedrale von Prato, ebenso der wunderschöne Ausdruck aufmerksamen Schauens, den Sodoma dem alten Propheten in der Kapelle der heiligen Katharina in St. Domenico zu Siena verliehen hat. An den vielen unvergleichlichen Greisen - Köpfen Leonardos können wir die mit physiologischer Genauigkeit zum Ausdruck kommende attentive Mimik bewundern, die Hebung des äusseren Winkels der Augenbraue mit einer oder zwei queren Stirnfalten, mit zwei senkrechten Falten, die bald nach oben zu oder gegen die Nase convergiren, bald gerade verlaufen, bald mehr oder weniger nach der Mittellinie zu convex gekrümmt sind. Auch Michelangelo stellte in der sixtinischen Kapelle die Propheten mit dem typischen Ausdruck des Denkens dar. Jeremias, meditirend, hat die Augen gesenkt, die Augenbraue gerunzelt und stützt mit der rechten Hand das Kinn. Zacharias ist im Begriff ein Buch aufzuschlagen, Joël liest, Josaphat schreibt u. s. f. Rembrandt hat ebenfalls Greise mit physiologisch exaktem Ausdruck der Aufmerksamkeit. Rubens zeichnete zwei Greisenköpfe (Collection der Albertina), die in die Höhe schauen; sie haben keine queren Stirnfalten, aber die charakteristische Runzelung der Augenbraue. Auch an dem schönen Kopfe des alten Bischofs (Dresdener Gallerie) mit dem aufmerksamen Ausdruck hat Rubens nicht verabsäumt, in die mimische Augenzone eine spezifische Bewegung zu legen.

Die Greise können also in ihren Gesichtszügen sehr deutlich die Gewohnheit des Aufmerkens und Denkens ausdrücken, aber ihre attentive Mimik ist im Allgemeinen weniger lebhaft als bei jungen Leuten. Der Uebergang aus einem Zustand der Indifferenz zu dem des Aufmerkens erzeugt bei ihnen keine scharf ausgeprägten mimischen Veränderungen. Wenn dies aber der Fall ist — in der Kunst, wie im Leben —, so verräth sich die Aufmerksamkeit durch die gewöhnlichen Haltungen des Kopfes und Körpers und die Thätigkeit der mimischen Augenzone.

Tonnini bemerkte, dass bei der senilen Rückbildung die mimische Innervation die Fähigkeit verliert, flüchtige Affekte durch ausreichende und complementäre Bewegungen auszudrücken (Amimie des kleinsten Ausdrucks) während sich die Grundaffekte in groben Bewegungen bekunden (Hypermimie des grössten Ausdruckes). Meine Beobachtungen bestätigen diese Ansicht, soweit der Ausdruck der Aufmerksamkeit und des Denkens in gewisser Hinsicht als ein minimaler Ausdruck gelten kann. Die Greise wären also beim Denken hypomimisch wie es im Allgemeinen die Säuglinge und Kinder sind.

Capitel V.

Die Mimik des Denkens beim erwachsenen Menschen.

Die Mimik des Denkens erreicht beim erwachsenem Menschen den Gipfel ihrer Entwicklung. Auf dem Antlitz des intelligenten Individuums spiegelt sich die sensorische wie die

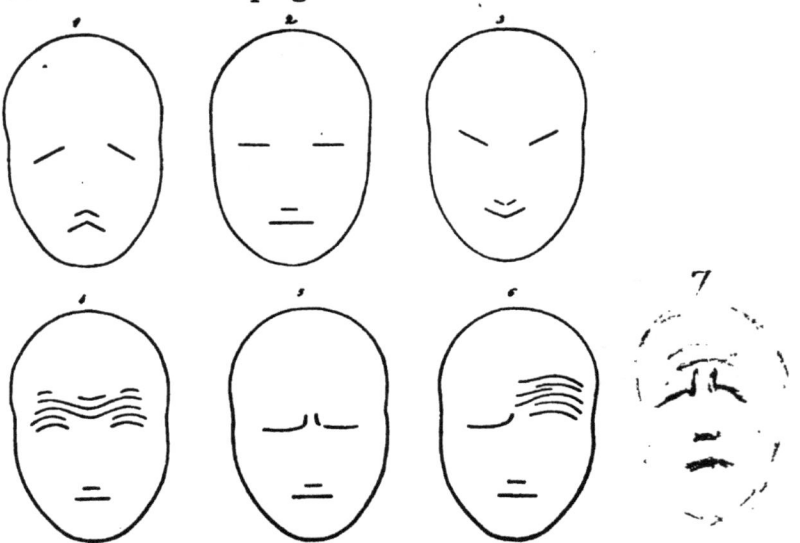

Fig. 17. Schemata des Gesichtsausdrucks. 1, 2, 3, Schemata nach H u m - bert de Superville: Traurigkeit, Ruhe, Freude; — 4, Aufmerksamkeit, nach Mathias Duval; — 5, Reflexion, nach demselben; — 6, fragende Aufmerksamkeit, nach E. Cuyer, auch zur Darstellung der asymmetrischen Aufmerksamkeitsmimik geeignet.

innere, nach Erkenntniss trachtende Aufmerksamkeit in deutlichen Zügen wieder.

Eine eingehende und genaue Darstellung hat die Mimik des Denkens, zum Unterschiede von der emotiven, vor Duchenne nicht gefunden. Lebrun*) z. B., Maler und Verfasser eines Buches über die Methode zur Verbesserung der Darstellung von Leidenschaften (Amsterdam 1702), giebt auf Tafel II dieses Werkes eine sehr doppelsinnige Zeichnung des Aufmerksamkeitsausdrucks; dieselbe verräth gleichzeitig einen ziemlich starken Affektzustand. Man lese ferner die Be-

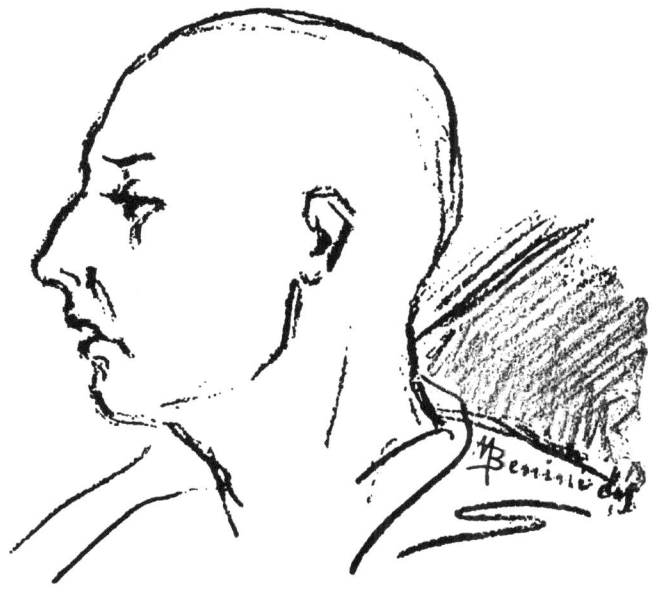

Fig. 18. Beobachtendes Individuum. Optische Aufmerksamkeit. Künstlerskizze.

schreibung des aufmerksamen, zerstreuten und abstrakten Typus bei Lepelletier**) und man wird überrascht sein, keine klare Idee über das mimische Verhalten des Gesichts zu finden.

Die Mimik des Denkens beschränkt sich, wie ich schon gesagt habe, auf den Kopf und die Umgebung des Auges und hauptsächlich auf den kleinen Raum an der Stirn oberhalb und zwischen den beiden Augenbrauen***).

---

*) Citirt bei Mantegazza.

**) A. Lepelletier de la Sarthe, Traité complet de physiognomie etc. Paris, 1864, pag. 403 u. ff.

***) Vergl. Mantegazza, op. cit. Cap. XVI und sonst; Piderit, op. cit. Cap. 1.

Bei der optischen Aufmerksamkeit ¦bewegt sich der Kopf nach vorn, die Augen stehen fest und alle Muskeln des Halses und des Rumpfes nehmen eine Stellung ein, als wollten sie das Auge dem Objekte nähern. Die Augenbrauen sind emporgezogen und die Stirn in Falten gelegt. Letztere sind über den Augenbrauen nach oben convex gerichtet,

Fig. 19. Reflexion. Künstlerskizze.

während sie in der Mittellinie, wo die Fasern des Musculus frontalis spärlich sind und die Aponeurosis epicranica überwiegt, die Convexität nach unten richten oder geradlinig sind. Dies Verhalten, das übrigens bei den einzelnen Individuen sehr verschieden ist, ist bedingt durch die Beziehung des Musculus frontalis zum Musculus pyramidalis nasi, der bei der Erhebung der Augenbraue einen passiven Widerstand bietet, infolge dessen auch bei Personen, bei denen die mittleren Ränder des Frontalis sich zu vereinigen streben, auf der Mittellinie keine

Muskelcontraction stattfinden kann, wenigstens nicht in dem Maasse wie auf den seitlichen Partien der Stirn.

Durch das Zusammenwirken dieser Bewegungen entstehen für das Auge die besten Bedingungen für die Beobachtung von Gegenständen und zugleich der klassische Ausdruck der optischen Aufmerksamkeit.

Die Mimik der acustischen Aufmerksamkeit soll nach einigen Autoren sehr charakteristisch sein; hier ist speziell die mimische Ohrzone in Thätigkeit Mit der Geste der Annäherung des Körpers oder wenigstens des Kopfes an den Ursprung des Reizes verbindet s'ch angeblich immer das halbe Offenstehen des Mundes. Piderit bemerkt, dass da beim Menschen nicht wie bei den Thieren durch die Bewegung der Ohrmuscheln eine zweckmäßige Anpassung des Gehörorgans stattfindet, sich beim Hören der Mund halb öffnet, um möglichst viele Schalleindrücke aufzufangen. Cuyer*) übt an der Ansicht Piderit's eine Kritik, welche mir wenigstens theilweise zutreffend scheint. Die Eustachische Röhre, sagt er, der einzige Weg, welchen die Schallwellen beim Eintritt in den Mund nehmen könnten, ist wegen der Schleimbildung an ihren Wänden geschlossen und öffnet sich nur beim Schlucken. Manche behaupten, dass Taube gerade zu dem von Piderit angegebenen Zweck mehr als andere Menschen den Mund halb offen halten. Ich kann auf Grund meiner Erfahrungen bei tauben Kindern versichern, dass in der That bei einer gewissen Zahl sich diese Haltung findet; aber bei von Geburt an oder völlig Taubstummen kann es jenen Zweck nicht haben. Bei anderen, namentlich bei Schwerhörigen, entsteht diese Haltung des Mundes durch den Zustand der häufig verstopften oder durch chronische Entzündungsprozesse oder adenoide Wucherungen verengten Nasenrachenhöhle. Darwin erklärt die Öffnung des Mundes ganz anders. Nach ihm dient sie dazu, dass die Athmung in einem Moment (Ueberraschung, Verwunderung, Aufmerksamkeit), in dem sie beschleunigt ist und die Wahrnehmung eines Geräusches stören könnte, leichter und leiser vor sich geht. Diese Erklärung lässt sich auf die Mehrzahl der Fälle, auch auf nicht wenige Taube anwenden.

---

*) Op. cit.

Die halbe Oeffnung des Mundes ist übrigens kein ausschliessliches Merkmal der acustischen Aufmerksamkeit. Kinder zeigen, wie wir sahen, oft diesen Ausdruck bei optischer Aufmerksamkeit und auch bei Erwachsenen ist er nicht selten. Piderit selbst weist auf den Ausdruck hochgradiger Aufmerksamkeit bei den beiden berühmten Fechter der Villa Borghese und bei der alten Spinnerin Gerard Dow's hin, und doch drückt bei diesen Gestalten der halboffene Mund keinen Zustand acustischer Aufmerksamkeit aus.

Gleichwohl fragt es sich, ob die acustische Aufmerksamkeit eine von der optischen wesentlich verschiedene Mimik hat. Abgesehen von der Beugung des Kopfes nach dem Ursprung des Reizes hin, von der Anpassung der Ohrmuschel, die manchmal sogar mit der Hand zu einer Art Hörrohr umgestaltet wird, und von einzelnen mimischen Irradiationen habe ich niemals andere specifische Bewegungen bei derselben gesehen. Wenn man nun überlegt, dass die letzteren, nur zum Zweck der Aufnahme des Reizes ausgeführt, nicht stattfinden, wenn derselbe genügend stark und den individuellen Verhältnissen des Gehörapparats angepasst ist, so wird das Resultat meiner Beobachtungen um so beachtenswerther erscheinen.

Geben wir also auch zu, dass der halboffene Mund das hauptsächliche, wenn auch nicht specifische und unumgängliche, Merkmal der Mimik des aufmerksamen Hörens ist, so kann man doch sagen, dass auch der Hörende im Allgemeinen die Haltung des Blickenden zeigt.

Weniger charakteristisch ist, nach den sehr wenigen Autoren, welche davon sprechen, die attentive Mimik bei den drei niederen Sinnen. Ausser der Anpassung des Organs, besonders bei sehr schwachem Reiz, nähert sich auch die Mimik der Tast-, Geruchs- und Geschmacksaufmerksamkeit sehr der optischen. Die Geruchsaufmerksamkeit hat bei den Hunden und allgemein bei den Thieren, bei denen der Muskelapparat des Riechorgans stark entwickelt ist, einen lebhaften Ausdruck. Beim Menschen, bei dem die Nasenmuskeln so geringe funktionelle Unabhängigkeit besitzen, kommt dies nicht vor. Es würde demnach als allgemeines Merkmal der sensorischen Aufmerksamkeit, abgesehen auch von der nothwendigen Akkommodation an nahe Gegenständen, die Thatsache der Contraction eines Theiles des Musculus orbicularis palpebrarum und des Musculus supraciliaris bleiben. In diesem Falle handelt es sich, wie ich bemerkte, um die Senkung der Augenbrauen und ihr Heranrücken an die Mittellinie unter Bildung zweier oder mehrerer senkrechter Falten zwischen den letzteren.

Auf Grund meiner Beobachtungen muss ich hinzufügen, dass bei manchen Menschen der Akt des Aufmerkens zuweilen auch von der Thätigkeit des Pyramidalis nasi (Querfalten auf der Nasenwurzel) oder von einer Erhebung des äusseren Winkels der Augenbraue (Wirkung des Musculus supraciliaris und der seitlichen Bündel des Musculus frontalis) begleitet ist, sowie endlich von der Erhebung der inneren Winkel (Wirkung des Supraciliaris und der inneren Fasern des Musculus frontalis),

Fig. 20. Blickaufmerksamkeit.

wodurch der klassische Ausdruck des Schmerzes entsteht*).

Wir kommen nun zur Mimik der inneren Aufmerksamkeit oder zur intellectuellen Mimik.

Mantegazza bemerkt, dass jede Art geistiger Arbeit gewissermaßen ihre eigene Mimik hat. Bei der wissenschaftlichen Thätigkeit z. B. ist in charakteristischer Weise die Aufmerksamkeits- und die reflectirende Mimik miteinander verschmolzen; lebhafte sensorische Aufmerksamkeit und tiefe Reflexion zusammen sind gewöhnlich anzutreffen bei Jemandem, der einer guten Musik oder einer interessanten Vor-

---

*) Bezüglich aller die Wirkung der Muskeln der oberen Gesichtshälfte betreffonden Fragen vergl. Duchenne, op. cit., u. Cuyer, op. cit.

lesung oder Rede zuhört. Beim dichterischen Schaffen ist die Mimik noch intensiver. Verbindet sich der Gedanke mit der erhabensten Ausdrucksweise des Menschen, mit dem Wort, so ändert sich auch die Mimik, sie steigert sich nach Intensität und Extensität und verliert, wie ich zufüge, gleichzeitig die charakteristischen Merkmale.

Fig. 21. Optische Aufmerksamkeit und Reflexion; gemischter Gesichtsausdruck.

9 Nach meinen Erfahrungen sind auch bei der den splanchnischen und psychischen Phänomenen zugewandten Aufmerksamkeit die Musculi orbiculares palpebrarum und supraciliares am meisten thätig.

Die Erinnerung hat jedoch eine ganz eigenartige Mimik; der Blick ist nach oben oder unter gerichtet, die Augen sind geschlossen oder weit geöffnet, die Stirn wird von der Hand berührt: der nicht selten rückwärts geneigte Kopf und zuweilen auch die Haltung des ganzen Körpers verräth geistige Arbeit oder Anstrengung, das mühevolle Suchen nach Erinnerungen.

Wenn auch bei der geistigen Arbeit die Mimik speziell in der oberen Hälfte des Gesichts localisirt ist, so nehmen doch gewöhnlich noch andere entferntere Muskeln des Gesichts und sogar solche der Gliedmaßen daran Theil, wie es beim Suchen nach Erinnerungen zu Tage tritt. Die Duchenne-sche Auffassung von der einzelnen Muskeln eigenen mimischen Funktion hat nur bedingte Geltung. Mantegazza*) hat eine übersichtliche Darstellung der Mimik des Gedankens gegeben, worin er gerade auf die Ausdehnung hinweist, welche auch beim Erwachsenen die intellectuelle Mimik erreichen kann.

Contrac-tionen und Entspann-ungen der Gesichts-muskeln	Contraction der Corrugatores supracilii Unbeweglichkeit des Auges Erratische Contractionen sämmtlicher Augenmuskeln Statische Unbeweglichkeit sämmtlicher Gesichts-muskeln Gewaltsame Öffnung des Auges Schluss oder Halbverschluss des Auges Herabhängen des Unterkiefers Gewaltsame Aufhebung einer Augenbraue Theilweise oder totale Contractionen der Muskeln des Gesichts.
Contrac-tionen am Rumpf	Statische Unbeweglichkeit des ganzen Rumpfes Erschlaffungen Theilweise oder totale Contractionen.
Sympathi-sche und meist rhythmi-sche Be-wegungen der Glieder.	Kratzen am Kopfe, an der Stirn oder Nase Manipulation an den Haaren Beklopfen der Stirn oder Umfassen derselben mit einer oder beiden Händen Streichen der Wangen oder des Kinns Reiben der Augen Hin- und Herbewegen des Kopfes Rhythmische Bewegungen der Arme oder Hände Rhythmische Geräusche mit den Händen oder Füssen Beständige rhythmische Bewegungen der Beine Festes Zuhalten der Ohren mit beiden Händen.

---

*) Op. cit. pag. 260.

· Selbstverständlich unterliegt die intellectuelle Mimik bei den verschiedenen Individuen mancherlei Variationen. Soweit diese nicht von Alter, Geschlecht, Rasse, von Anomalien oder Krankheiten des Nervensystems beeinflusst sind, Faktoren, die an anderer Stelle geprüft werden sollen, stehen sie in Beziehung zur grösseren oder geringeren Intensität der geistigen Thätigkeit, zu dem Grade der Intelligenz und der Empfindlichkeit, zur Gewohnheit an die Bethätigung der sensorischen Aufmerksamkeit und der Reflexion. Wie jeder Mensch seinen besonderen mimischen Stil besitzt, der eine viel, der andere wenig gesticulirt, der eine ein Durchschnittsmienenspiel, der andere ein ausgesprochen persönliches hat, so giebt es Denker und Beobachter, deren Gesichtsausdruck den geistigen Zustand deutlich und in charakteristischer Weise wiederspiegelt, und andere mit wenig beredtem, fast stummem, oder mit schwer verständlichem oder paradoxem Ausdruck.

In der Literatur der Mimik findet sich jedoch nichts Bestimmtes über diesen Punkt. Es wäre nöthig, eine Individual- oder differenzielle Psychologie der Mimik des Denkens zu schaffen.

Im Laufe mehrerer Jahre konnte ich bei 200, nach Alter, Bildung und Lebensart möglichst verschiedenen Personen (174 Männern und 26 Frauen im Alter von 15 bis 60 Jahren) Beobachtungen über die Mimik des Denkens sammeln, von circa einem Drittel derselben erlangte ich auch Momentaufnahmen. Ich muss jedoch hinzufügen, dass ich, wenn es mir zur genaueren Analyse des Gesichtsausdrucks erforderlich schien, bei Manchen den photographischen Abdruck der Stirn machte mit einer Methode, die seit einigen Jahren in meinen Instituten für schwachsinnige und nervöse Kinder vielfach und in sehr zweckmäßiger Weise verwendet wird *) und der kürz-

---

*) Mit dieser leichten und einfachen Methode mache ich photographische Reliefs von der Papillarzeichnung der Finger und der Hohlhand, von der Form der Füsse, von Narben etc.; sie ermöglicht mir die direkte photographische Aufnahme von Zeichnungen, Handschriften etc. von Kindern, Geisteskranken, Verbrechern, wie die Professoren F l o u r n o y, C l a p a r è d e, L a d a m e, M a r r o, L o m b r o s o, S e r g i, M o r s e l l i etc. bestätigen konnten, denen ich einen Theil des gesammelten Materials zeigte.

lich von Sommer empfohlenen ähnlich ist. Das Studium dieses Materials führte zu folgenden Resultaten:

Ich kann die schon erwähnte, allgemeine Regel bestätigen, dass bei der Thätigkeit des Aufmerkens, des äusseren wie inneren, in fast spezifischer Weise drei Muskeln in Funktion

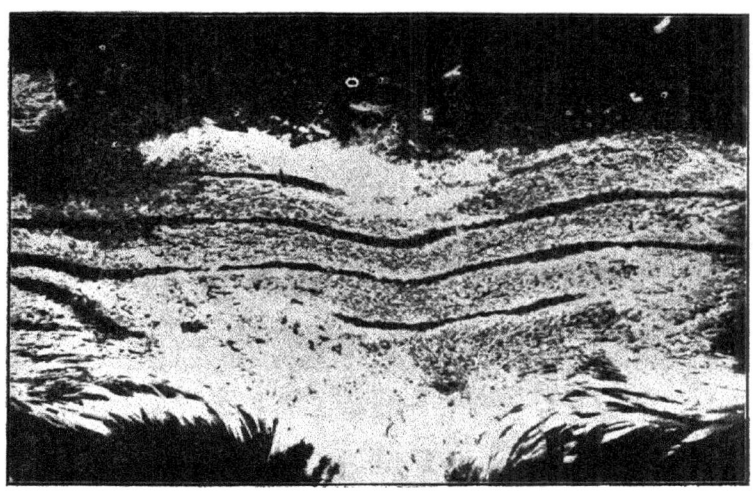

Fig. 22. (Photographischer Abdruck.) Contraction des Musculus frontalis auf Geheiss, zwei vollständige und einige unvollständige Horizontalfalten.

treten: der Frontalis, Orbicularis palpeprarum und Supraciliaris. Dazu kommt oft noch der Levator palpebrae superioris. Man nimmt gewöhnlich an, dass letzterer, der die Lidspalte erweitert, sich nicht bei der eigentlichen einfachen Aufmerksamkeit, sondern nur bei Ueberraschung contrahirt. Doch bin ich dieser Ansicht nicht; auch beim Aufmerken ist häufig die

Das Verfahren ist folgendes: Man befeuchtet den aufzunehmenden Theil mit einer wässerigen Lösung von unterschwefligsaurem Natron und Alaun in dem Verhältniss wie bei einem gewöhnlichen photographischen Fixirbad; hierauf legt man auf diese befeuchtete Stelle wenige Sekunden lang Copirpapier, welches nun dem Licht ausgesetzt wird und dann die Photographie der Hautpartie, auf welche es gelegt war, enthält. Ein einfaches Fixirbad macht die Photographie dauerhaft. Das hier in der Hauptsache geschilderte Verfahren habe ich in mannigfacher Weise den verschiedensten Zwecken entsprechend modificirt. Unter Ersatz der Tinte durch die Hyposulfit-Alaunlösung, des Schreibpapiers durch das Copirpapier habe ich mir eine interessante Sammlung von Kinderzeichnungen geschaffen und Anderes mehr.

Action der Lidheber sichtbar, wenn auch natürlich nicht so intensiv wie bei Emotionen. Jedenfalls kann man behaupten,

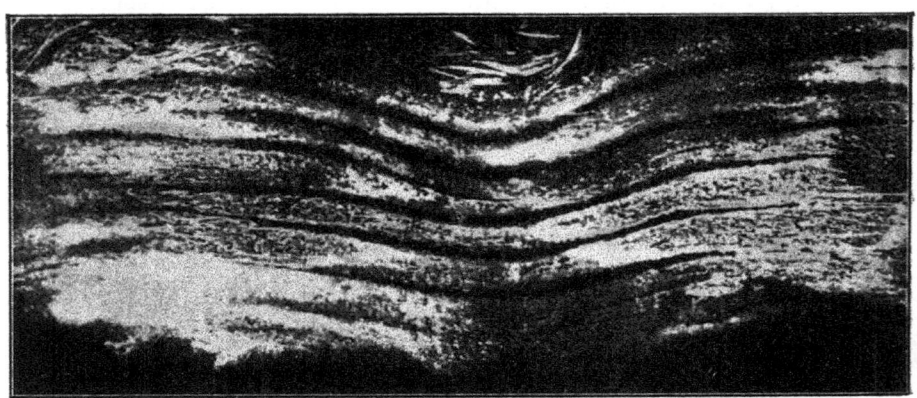

Fig. 23. (Photographischer Abdruck) Contraction des Musculus frontalis auf Geheiss; zahlreiche Horizontalfalten; Totalumfang der Stirn; oben das Kopfhaar, unten die Augenbrauen.

dass es beim Menschen ein mimisches Centrum des Aufmerkens giebt, das im oberen Theil des Gesichts liegt und

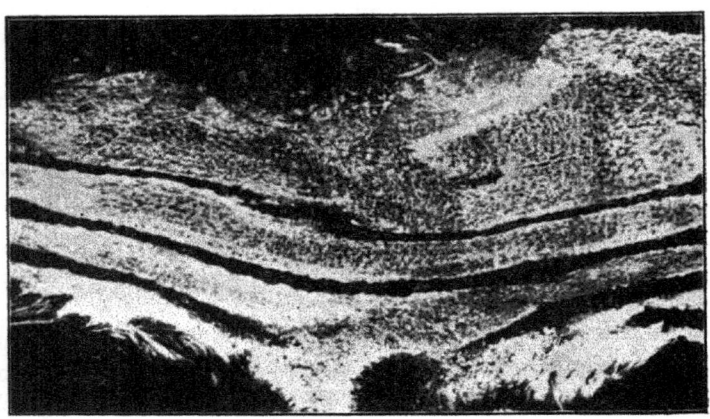

Fig. 24. (Photographischer Abdruck.) Contraction des Frontalis bei intensivem optischem Aufmerken.

hauptsächlich vom Frontalis, Orbicularis und Supraciliaris gebildet wird.

Kaum bei 40 der 200, von mir untersuchten Personen

war die Thätigkeit dieses mimischen Aufmerksamkeitscentrums eine symmetrische, d. h. beiderseits synergetische,
und diese 40 Personen gehörten grösstentheils zur Kategorie
jener Leute, die nicht gewöhnt sind, das Auge auf nahe Gegenstände zu richten (Handwerker und Landarbeiter). Dagegen
funktionirte bei gut 115, fast sämmtlich Kopfarbeitern, Professoren, Aerzten, Beamten, das mimische Centrum mehr oder
weniger unsymmetrisch.

Die Asymmetrie besteht am häufigsten in der Erhebung
einer Augenbraue und in der Senkung der anderen oder in
der Verengerung der einen Lidspalte (Blinzeln) und im Allgemeinen in der Bildung von Runzeln, deren Länge, Tiefe oder
Richtung in beiden Gesichtshälften verschieden ist. Eine Regel
hinsichtlich des Überwiegens der rechten oder linken Seite
könnte ich bei dieser mimischen Asymmetrie nicht finden und
war darin weniger glücklich als Hallervorden*), der mittelst
einer geistreichen Methode nachzuweisen vermochte, dass die
linke Seite ausdracksärmer ist als die rechte, so dass
es für die Mimik ebenso eine Linkshirnigkeit giebt wie für
die Sprache und die Hand. Uebrigens ist diese mimische Einseitigkeit nichts Wunderbares, sie entspricht der bekannten
physiognomischen Einseitigkeit**); nicht nur die beiden Hirnhemisphären funktioniren häufig nicht vollkommen symmetrisch,
sondern auch die Entwicklung der an Volumen, Gestalt und
Ansatzpunkten so verschiedenen mimischen Muskeln ist in
beiden Gesichtshälften nicht ganz identisch.

Bei den übrigen 45 Personen war die intellectuelle Mimik
schwächlich, unbestimmt, oder variabel, bald regelmässig und
symmetrisch, bald das Gegentheil. Unter diesen 45 fanden
sich Individuen der verschiedensten Bildung und Lebensart.

Eben so grosse individuelle Verschiedenheiten beobachtete
ich hinsichtlich des Ueberwiegens eines Muskels über den anderen. Bei Manchen fand im Zustand des optischen, akusti-

---

*) Hallervorden, Eine neue Methode experimenteller Physiog-
nomik. Psychiatrisch-neurologische Wochenschrift, October 1902. Auf der
78. Versammlung deutscher Naturforscher und Aerzte zu Kassel im September 1903 machte Hallervorden eine weitere Mittheilung über seine
physiognomische Methode.

**) Von dieser handelt auch Paret, Thèse de Lyon 1892.

schen und inneren Aufmerkens nur eine kräftige, totale synergische Contraction der Frontales statt, daher eine Erhebung beider Augenbrauen und Bildung mehr weniger zahlreicher, tiefer und vollständiger Furchen. Bei Anderen herrschte die Zusammenziehung der Augenbrauen vor, ohne deutliche Erhebung der äusseren Winkel derselben, also ohne Thätigkeit der Frontales.

Auch die Energie des mimischen Aufmerksamkeitscentrums variirt unter den einzelnen Individuen nicht unerheblich. Nur bei einer kleinen Zahl pflegt die Muskelcontraction kräftig zu sein; bei den meisten Personen ist sie schwach. Einige

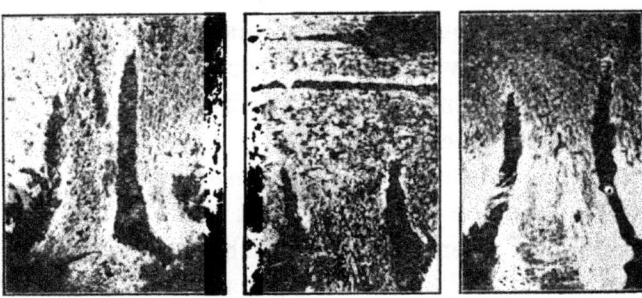

Fig. 25. (Drei photographische Abdrücke.) Action der Superciliares in der Aufmerksamkeit bei drei verschiedenen Personen. Senkrechte Falten. In der mittleren Fig. ist der Frontalis mitbetheiligt (2 Querfalten).

wenige Male fand ich sogar die Stirn bei geistiger Thätigkeit ganz glatt, sodass dem Antlitz des Denkers jedes Zeichen von angestrengter Gehirnthätigkeit fehlte; es schien, als ob der Process des Aufmerkens sich unter der Schwelle des Bewusstseins abspielte, als wenn eine fremde Macht im Gehirn waltete.

Wenn auch das Denken ein eigenes mimisches Centrum besitzt, so ist doch andererseits die Verbreitung des Ausdruckes auf den übrigen Theil des Gesichts eine sehr gewöhnliche Erscheinung; es sind die mimischen Irradiationen. Bei den 155 Personen mit ausgesprochener Mimik finden sich alle möglichen Fälle. Die häufigste Irradiation ist die nach dem Munde hin, nach der mimischen Mundzone. Die Mundspalte ist in der That beim Aufmerken oft verändert; bald ist der Mund krampfhaft geschlossen, wie beim Küssen, bald ist er halb geöffnet und zuweilen hängt der Unterkiefer deutlich herab; bald ist der eine oder der andere Mundwinkel oder beide in die Länge gezogen infolge Contraction des Musculus risorius Santorini, wodurch die Physiognomie einen sardonischen Ausdruck gewinnt; bald endlich beobachtet man eine leichte Contraction des Musculus depressor mentis, wie in den Porträts von Beethoven, was dem Gesicht einen verächtlichen Zug ver-

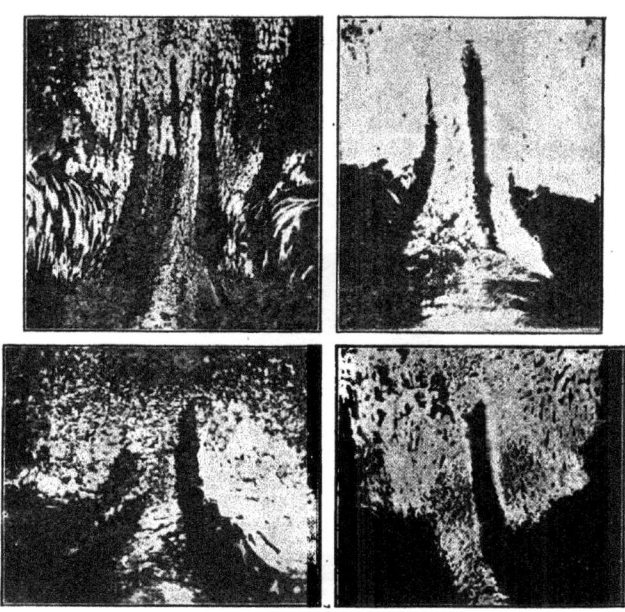

Fig. 26. (Photographische Abdrücke.)   Typen vertikaler, mehr oder weniger asymmetrischer Falten.

leiht.   Nicht selten sind die Irradiationen nach der Nase (Erweiterung der Nasenflügel), nach den unteren Augenlidern und nach dem Musculus zygomaticus; in diesen Fällen ist dem Ausdruck des Denkens etwas Drohendes, Lachendes oder Weinendes beigemischt.   Selten jedoch sind diese Irradiationen symmetrisch, d. h. auf beiden Seiten von gleicher Stärke.

Es giebt aber noch eigenthümlichere mimische Irradiationen.   Bei meinen 200 Fällen waren sie 70 mal sehr deutlich vorhanden, was beweist, dass sie nicht immer und sämmtlich als mimische Anomalien aufzufassen sind.   Man trifft sie recht selten bei Landleuten und Analphabeten; sie überwiegen entschieden bei Kopfarbeitern.   Manche strecken die Zunge aus dem halbgeöffneten Munde etwas heraus; andere berühren mit der Zungenspitze die Oberlippe, andere kneifen den Schnurr-

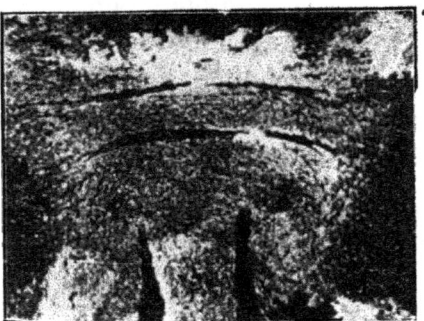

Fig. 27. (Photographischer Abdruck.) Gleichzeitige Contraction der Musculi frontales und superciliares bei einer jungen Frau, während intensiven inneren Aufmerkens.

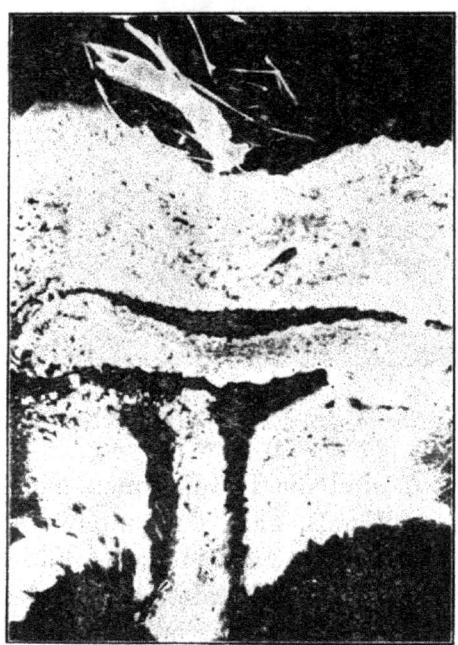

Fig. 28. (Photographischer Abdruck.) Gleichzeitige Contraction der Musculi frontales und supraciliares bei einer jungen, intelligenten Person, während der Vorstellung eines heftigen psychischen Schmerzes. Unten die ungleich erhobenen Augenbrauen, oben das Kopfhaar. Die untere Horizontalfalte vereinigt sich mit den beiden verticalen und bildet ein griechisches P (Π).

bart zwischen die Zähne; nicht wenige beissen auf die Unterlippe, und wenn hierzu eine starke Runzelung der Augenbraue tritt, erhält das Gesicht den Ausdruck grösster Anstrengung und erinnert an den berühmten David Bernini's.

Unter denen, welche besonders eigenartige Irradiationen zeigten, war einer, der bei intensivem Aufmerken stark die Nase rümpft, wie bei einer unangenehmen Geruchsempfindung, und zwei, welche ein Auge leicht schliessen, ohne eine Refractions- oder andere Anomalie zu haben. Das Curioseste ist, dass diese letzteren dieselbe Geste bei der acustischen und inneren Aufmerksamkeit bieten.

Diese eigenthümlichen Irradiationen können dem, was Mantegazza*) bei dem acustischen Aufmerken beobachtete, zur Seite gestellt werden. Er fand, dass in diesem Falle der Kopf nicht nur nach dem Ursprung des Geräusches bewegt, sondern auch nach der Schulter zu, meistens nach der linken, geneigt wird, als wollte man nur mit einem Ohre hören. Ich habe bereits früher bemerkt, dass eine ähnliche Geberde bei den Thieren und speciell bei den Hunden (siehe Fig. 7a) gewöhnlich vorkommt. Mantegazza sagt nicht, ob unwillkürlich das bessere Ohr dem Geräusche zugewandt wird. Mag dies hierbei auch zweifelhaft sein, so lässt sich in meinem Falle jedenfalls nicht annehmen, dass die mit dem Sehen einhergehende Geste den Zweck der besseren Anpassung des Organs habe. Dass diese Geste sich beim Nachdenken wiederholt, braucht nicht Wunder zu nehmen; es handelt sich um den bekannten Vorgang der Association von Gewohnheiten.

Darwin**) bemerkt, dass bei plötzlicher Reflexion gewisse besondere Gesten stattfinden, z. B. das Berühren der Stirn, des Mundes oder des Kinns mit der Hand; bei ruhigem Ueberlegen komme dies nicht vor. Diese Gesten wurden unter gleichen Umständen auch bei den Kaffern Südafrikas beobachtet. Washington Matthews, welcher einige wilde Indianerstämme der westlichen Vereinigten Staaten besuchte, will gesehen haben, dass diese Indianer, wenn in Gedanken vertieft, mit der Hand und noch öfter mit dem Daumen und Zeigefinger irgend einen Theil des Gesichts und besonders die Oberlippe berühren.

---

*) Op. cit., pag. 265.
**) Op. cit., pag. 154.

Aehnliche Bewegungen sieht man bei vielen Personen, jedoch nach meiner Erfahrung nur während geistiger, namentlich angestrengter Arbeit, oder auch in den leichten Graden geistiger Concentration (diffuses Denken). Bei intensiver Concentration beobachtete ich meist Unbeweglichkeit der Züge, wie wenn das Individuum unbewusst gegenüber dem Gegenstand des geistigen Sehens oder Hörens Stillschweigen schaffen wolle.

Es giebt Personen, welche im Moment der Concentration und bei aufmerksamem Lesen sich nicht nur an die Stirn klopfen, mit den Haaren spielen, das Kinn streichen, die Nase reiben, den Schnurrbart drehen oder an den Ohrläppchen zupfen, pusten, pfeifen, summen, sondern mit langen Schritten hin- und hergehen, mit den Fingern trommeln, mit den Beinen schaukeln und mit den Knieen oder Füssen rhythmische Bewegungen machen. Hier sind wir auf dem Gebiet der mimischen Irradiationen des Rumpfes und der Glieder, der sympathischen Bewegungen der Glieder (Mantegazza). Das Auf- und Abgehen z. B. begünstigte bei Rousseau, bei Ampère, Victor Hugo und vielen Anderen die geistige Arbeit. „In dem Gehen", sagt Rousseau, „liegt etwas, was meine Feder anregt und belebt; wenn ich stillstehe, vermag ich kaum zu denken; mein Körper muss sich bewegen, um die Bewegung dem Geiste mitzutheilen. Ich kann nur im Gehen denken; sobald ich stehen bleibe, denke ich nicht mehr; mein Kopf bewegt sich nur mit meinen Füssen."

Riccardi erzählt, dass einer seiner Freunde immer mit einem Fusse auf die Erde schlagen musste, wenn er sich aufmerksam erhalten wollte. Ich habe Jemanden beobachtet, der beim Nachdenken und bei geistiger Arbeit die Fäuste so zusammenkrampfte, dass in der Hohlhand die Nägelabdrücke zu sehen waren, und einen Anderen, der beim Kopfrechnen mit dem Stiefelabsatz laut und im Takte auf die Erde oder an den Stuhl schlug, und mehr wie einen, der zwecks stärkerer Concentration eine Cigarre oder Pfeife rauchen musste.

Die Erklärung dieser Gesten dürfte nicht leicht sein. Darwin giebt keine. Mantegazza sagt: „Es ist sehr wahrscheinlich, dass alle diese Bewegungen auf eine Erschütterung des Gehirns und Erleichterung seiner Arbeit hinzielen. Dass eine mechanische Erschütterung des Gehirns das letztere bewirkt, dafür spricht auch der Umstand, dass Viele nur im Umhergehen oder beim Fahren, Reiten, oder im Boote dahingleitend, aufmerksam denken können." Auch James*) spricht von diesen Bewegungen, ist jedoch anderer Ansicht als Mantegazza. Nach James ist es klar, dass diese Thätigkeit grossentheils der Ausuferung der emotionellen Erregung während einer ängstlichen oder concentrirten Reflexion ihre Entstehung verdankt. Sie verlässt die Nervenströme, die, wenn unbehindert durch die intellectuellen Centren flutend, letztere in Verwirrung bringen würden. Jedes Individuum hat gewisse Gewohnheitsbewegungen, die nur ihm eigen sind. Wäre es vielleicht möglich, dass gerade diese alle plötzlichen, werthlosen Erregungen fortschaffen und so bewirken, dass die Aufmerksamkeit sich besser auf das eigentliche innere Objekt concentrirt?

Ich glaube eher mit Ribot**), dass diese Bewegungen deswegen förderlich auf die geistige Arbeit wirken, weil sie im Sinne Ch. Féré's***) dynamogen sind; sie sind nicht die Wirkung der Aufmerksamkeit, keine motorischen Entladungen, sondern vielmehr Muskelsensationen, welche für das Denken dynamogen werden. Es ist indess wahrscheinlich, dass nicht alle diese Gesten auf die gleiche Weise zu erklären sind. Manche, besonders die Irradiationen im Gesicht, erinnern an sensorische Anpassungen und bilden unnöthige Ueberreste von Bewegungen, die bei anderen Thierspecies oder in früheren Epochen der menschlichen Geschichte und in anderen Momenten der individuellen menschlichen Entwicklung von Nutzen gewesen sind. In manchen Fällen dürfte es sich um Tics handeln, sofern man den Tic definirt als Bewegung, die an sich zwar zweckmäßig, aber für den Moment, in dem sie stattfindet, nutzlos ist (Charcot und Guinon).

---

*) W. James, Grundzüge der Psychologie. Italienische Uebersetzung 1901. pag. 333.

**) Ribot, cfr. cit. pag. 31.

***) Ch. Féré, Sensation et mouvement. II. Auflage. Paris 1900.

7

Es könnte scheinen, dass die attentive Mimik je nach den Sinnesorganen, auf die sie sich bezieht, sich erheblich ändern müsste, aber meine Erfahrungen sprechen, wie bemerkt, nicht zu Gunsten dieser Annahme.

Allerdings finden sich bei manchen Individuen solche Unterschiede, und oft sogar sehr ausgesprochen; bei der Mehrzahl jedoch tritt das mimische Centrum in Thätigkeit, auch wenn die Aufmerksamkeit auf den Tastsinn, den Geruch und Geschmack gerichtet ist.

Dieser Umstand beweist die grosse Bedeutung des Gesichtssinns gegenüber den anderen. Und nach alledem behaupte ich, dass die Mimik des Denkens nur einem Typus angehört, dem optischen. Es ist dies einer der Hauptsätze, welche aus meinen Studien hervorgehen.

Die Thatsachen lehren ausserdem die Richtigkeit eines äusserst wichtigen Gesetzes, dass nämlich für das sinnliche optische Aufmerken förderliche Bewegungen durch Association, wenn auch in unzweckmässiger Weise, auf die Bethätigung der übrigen Formen der Aufmerksamkeit übertragen werden.

Dieses Gesetz findet seine Bestätigung in meinen Beobachtungen über die Mimik der inneren Aufmerksamkeit (die intellektuelle Mimik). Ich habe oft gefunden, dass das Individuum beim Nachdenken ganz Einem gleicht, der blickt oder horcht. Es wäre sehr interessant zu untersuchen, ob die Blick-Haltung vorwiegend bei sogenannten Gesichtsmenschen zu treffen ist, d. h. bei solchen, welche sich beim Denken reiner und lebhafter optischer Vorstellungen bedienen, und die Horch-Haltung bei Gehörsmenschen, d. h. solchen, deren Denken sich besonders mittelst geistig gehörter Klänge und Worte vollzieht. Ueber diesen Punkt sind jedoch meine Beobachtungen sehr unvollständig; es mangelte mir fast immer an der Gelegenheit, exact festzustellen, welchem der erwähnten beiden Denktypen die Personen angehörten. Jedenfalls ist es sicher, dass die Blickhaltung beim inneren Aufmerken überwiegt; wie überhaupt beim Denken (ich will nicht sagen bei der inneren Sprache) der optische Typus weitaus der häufigere ist.

Sehr auffallende mimische Unterschiede traf ich bei Personen, die gewohnt sind, ihre Aufmerksamkeit zu theilen.

Während bei der Concentration — der fixirten Aufmerksamkeit — die Unbeweglichkeit überwiegt, charakterisirt die mimische Beweglichkeit die zerstreute Aufmerksamkeit, insofern diese im Grunde nur eine Serie dicht aufeinanderfolgender Akte fixirter Aufmerksamkeit ist.*) Bei Personen mit getheilter Aufmerksamkeit beobachtete ich stets sehr schnelle Bewegungen der Augen und des Kopfes. Bei Feldherren und überhaupt bei Männern der That wurde wiederholt die Beweglichkeit des Blickes und des Kopfes beschrieben, auch in Momenten der intensivsten geistigen Arbeit, der concentrirtesten Aufmerksamkeit.

Eine Untersuchung darüber, wie die Denkmimik in der alten und neuen Kunst dargestellt wurde, dürfte für die Wissenschaft vielleicht mehr Interesse haben, als die trockene Durchsicht der wenigen medicinischen und psychologischen Arbeiten über dieses Thema. Die Kunst ist das immer lebendige und beredte Zeugniss über die Vorstellungen und Empfindungen der Völker und hinsichtlich des Ausdrucks die reichste Quelle für den Physiologen. Man könnte sagen, dass beim Ausdruck die Kunst aller Zeiten nicht nur eine ästhetische und sittliche, sondern auch eine wissenschaftliche Aufgabe hat.

Der künstlerische Ausdruck der Gemüthsbewegungen ist bereits von mehreren Psychologen und Physiologen untersucht worden; z. B. von Mantegazza, Mosso, Cuyer etc. Der Ausdruck des Denkens ist indess von Allen übergangen worden; in den berühmtesten Werken, z. B. bei Piderit, findet sich kaum ein Hinweis.

Ich habe nicht die Absicht, mich in dieses Studium, das meine Competenz überschreitet, zu vertiefen, sondern will nur einige meiner Eindrücke zusammenfassen, die ich nach und nach in Stunden der Musse gesammelt habe.

Die griechische Kunst vor Praxiteles pflegte nicht die starken Ausdrucksformen der Physiognomie; sie hielt die-

---

*) Ueber die Vertheilung der Aufmerksamkeit siehe meine schon erwähnten Schriften und Consoni, loc. cit.; von psychologischen Werken das von G. T. Ladd, Psychology, descriptive and explanatory, London 1894.

selben für dem ästhetischen Ideal zuwiderlaufend. Aber nach
Praxiteles, in der hellenistischen Periode, begann sie Empfinden
und Denken mit physiologischer Treue darzustellen. Als Beispiel mögen dienen die Skulpturen der rhodischen und perga-
mischen Schule. Die (vermuthliche) Sappho des National-

Fig. 29. Die Sappho (mutmaßlich) des Nationalmuseums zu Rom.

museums zu Rom verräth, nach Prof. Rizzo, an Mund und
Augenlidern einen attentiven, wahrscheinlich sensorischen] Zustand; aber Jeder wird mindestens zugestehen müssen, dass der
Ausdruck mit sehr diskreten Mitteln wiedergegeben ist, wie
sie die ästhetische Richtung der klassischen Epoche gestatten
konnte. Im fünften Jahrhundert ermangelte sogar das Porträt
des Ausdrucks; z. B. stellt der Pericles des Kresilas (im bri-
tischen Museum und im Vatican) den idealisirten Heros dar;
sein Blick verräth nichts als eine olympische Heiterkeit. Und
wenn auch die Haltung des Körpers auf Bethätigung der Aufmerksamkeit zu weisen scheint, so ιbleibt das Gesicht doch

immer eines specifischen Ausdrucks baar, wie bei dem berühmten Spinario des Campidoglio.

Bei den Porträts und allgemein bei den Skulpturen der späteren Zeiten finden wir dagegen den Ausdruck des Denkens sehr lebhaft und oft physiologisch wahr; das mimische attentive Centrum ist vom Künstler in der wirksamsten Thätigkeit dargestellt. Man denke an Demosthenes, Aeskulap, Antisthenes, Sophokles, Posidonius, Aristoteles, Epikur, Homer, Zeno, Hanni-

Fig. 30. Herme des Pericles im Museum des Vaticans.

bal, Aratus, Heraklit u. s. w., die wir in den Museen Neapels, des Capitols, Vaticans, des Laterans, im Museum Spada und anderwärts bewundern.

Ein glänzendes Beispiel der künstlerischen Darstellung eines Aufmerksamkeitszustandes ist m. E. der „Fischer" des Nationalmuseums zu Neapel. In dieser antiken Bronze ist die optische Aufmerksamkeit wunderbar ausgedrückt, nicht nur im Gesicht mit den horizontalen und vertikalen Falten, mit der weiten Öffnung der Lidspalte, mit dem halboffenen Munde, sondern ebenso sehr am ganzen Körper und besonders an den

Beinen, an welchen die Wülste einiger Muskelgruppen und die allgemeine Gespanntheit der Muskeln deutlich zu Tage treten.

Es sind die mimischen Irradiationen, von denen ich oben sprach.

Um das Ende der Republik und den Beginn des Kaiserreichs gab es in Rom Künstler, welche die Kunst zur antiken Reinheit zurückzuführen strebten, die Praxiteliker. In ihren Skulpturen nun, in welchen die phidische und präphidische

Fig. 31. Antisthenes der Cyniker (Museum des Vaticans).

Linie von Neuem zur Geltung kommt, wird der Ausdruck wieder schwächer; die optische Aufmerksamkeit und die Concentration des Denkens bekunden sich nicht mehr auf dem Antlitz durch deutliche, tiefe Linien, die sichtbaren Zeichen der Contraction der mimischen Muskeln. *)

*) Bezüglich der Fragen über den Ausdruck in der alten Kunst vergleiche man die bekannteren Werke und die „Neuen Jahrbücher für das klassische Alterthum" an zahlreichen Stellen, besonders einige Artikel von Möbius und Studniczka.

Betrachtet man die Malerei, so überzeugt man sich leicht, dass nicht alle Epochen und nicht alle Künstler gleiche Sorgfalt auf den Ausdruck des Aufmerkens und des Denkens verwandten.

Selbst zur Zeit als die Zeichnung naiv, die Details fehlerhaft, die Perspektive mangelhaft war, als dem Künstler jede Kenntniss

Fig. 32.   Der Demosthenes des vaticanischen Museums.

der Anatomie, der Physiologie, der Optik abging, findet man zuweilen ausserordentlich ausdrucksvolle Bilder, gedankenreiche Blicke und Gesten. Als aber die starre und unfruchtbare byzantinische Tradition durchbrochen und unter dem Einfluss einer doppelten Erregung, der politischen und religiösen, das Ideal des Ausdrucks Giotto und seine Schule zu begeistern begonnen, als mit dem kräftigen Wiedererwachen der Geister die römische Linie von Neuem über die normannische Ogiva triumphirte und mit Macht zur plastischen Schönheit des Heidenthums zurückstrebte, sieht man auch auf der Leinwand, auf der Mauer und dem Marmor das Leben von Neuem pulsiren.

In der Ikonographie der Katakomben, in den Mosaiken und den byzantinischen Madonnen ist überhaupt der Ausdruck äusserst arm. In der Kunst der Sienesen, des Cimabue,

Fig. 32a. Der „Fischer" im Nationalmuseum zu Neapel.

Giotto's, Angelico's, Botticelli's, Philipp Lippis', Pinturicchio's wie bei den Madonnen von Luca della Robbia finden wir den emotionellen Ausdruck sehr zart und fein, aber den intelektuellen dürftig dargestellt. Es sind Gesten und Physiognomien, die fast ausnahmslos einen Zustand sehr geringen inneren Aufmerkens verrathen, und gerade dieserhalb geht von diesen Madonnen ein Hauch des Friedens und fast der Unschuld aus. Nichts im Gesicht deutet auf Interesse für das, was im Innern vor sich geht; nicht einmal ein Schatten von geistiger Kraft

und Arbeit. Auch aus vielen Madonnen Raffael's, Francia's
(Münchener Gallerie), Correggio's spricht nichts als ein ganz
feiner Zug inneren, heiteren Friedens.

Es liegt thatsächlich in der ganzen christlichen wie in
der classischen Periode der griechischen Kunst die Neigung,
den Ausdruck starker Gemüthsbewegungen abzuschwächen.
Auch der Ausdruck des physischen Schmerzes sucht sich in
discreten Formen zu bewegen. Ich möchte fast sagen, dass
die Künstler in den Gesichtszügen mehr die Abstraction der
Gemüthsbewegungen als diese letzteren selbst mit ihren deutlichen anatomisch-physiologischen Merkmalen darstellen wollten.
Als Beispiel mögen genannt werden die Gestalten des gekreu-
zigten Christus und des heiligen Sebastian. Bei ihnen ist der
Schmerz christianisirt, d. h. mit Resignation und mit Leidens-
freudigkeit, als den dem Schmerz entgegengerichteten Emotionen, gemischt. Uebrigens ist es ein von Winkelmann auf-
gestellter Grundsatz der Aesthetik, dass die Schönheit ihren
vollkommensten Ausdruck in der absoluten Ruhe findet. Daher kommt es, dass wenn die Maler religiöser Motive das
weltliche Gemälde versuchten, sie in die Gestalten denselben
zarten Ausdruck der Sanftmuth und des Friedens legten oder
ins Gekünstelte und selbst ins Groteske verfielen. Wer kennt
nicht das grotesk wilde Aussehen der Krieger in den Gemälden
des Fra Angelico?

Die Kunst änderte aber ihren Charakter, und nicht minder
die kirchliche Malerei, welche in der Renaissance und im XVI.
Jahrhundert ihre ästhetischen Formen mehr mit der neueren
Auffassung und dem veränderten Geschmack in Einklang zu
bringen wusste. Zu schweigen von einigen Madonnen des
Mantegna, Giambellino und Anderer, erwähne ich nur Nico-
laus von Pisa und Donatello; ihre Madonnen zeigen Aufmerk-
samkeitshaltungen des Kopfes von überraschender Naturtreue.
Bei der Madonna des jüngeren Pisano in der Kathedrale von Prato
und bei der von Pisano selbst im Camposanto zu Pisa nimmt sogar
das Christuskind einen intellectuellen Ausdruck an. So bekunden bei der Madonna des Michelangelo im Nationalmuseum
zu Florenz Physiognomie und Bewegung mehr Denken als

Fühlen; wir finden bei ihr die mimischen Merkmale des optischen Aufmerkens.

Wenn auch der intellectuelle Ausdruck bei den Madonnen und Heiligen der Quattrocentisten meist ein ungenügender ist, so kann man das doch nicht von sämmtlichen religiösen Gemälden dieser Epoche behaupten. Sandro Botticelli z. B., der neben ruhigen Zügen viele lebhafte und bewegliche darstellt, drückt bei seinen Gestalten häufig die Aufmerksamkeit mit einem halb geöffneten Munde und graziöser Haltung des Kopfes aus; aber fast niemals benützt er dazu die Faltung der Stirn. Aufmerksame, sehr ausdrucksvolle Posen hat Philipp Lippi geliefert, z. B. bei Sct. Johannes dem Täufer und anderen Heiligen (Londoner Nationalgallerie) und bei einigen Gestalten der Krönung der heil. Jungfrau (alte und neue Gallerie zu Florenz) und der Krönung in der Kathedrale zu Spoleto.

Raphael, der seinen Madonnen stets einen so himmlischen Zug zu verleihen wusste, stellt die sie umgebenden Heiligen oft in der Pose des Aufmerkens dar. Fast immer befinden sie sich in optischer Aufmerksamkeit, manchmal zugleich in Ueberraschung oder Bewunderung, dabei immer das Entzücken geheimnissvoller Freuden bekundend. Aber Raphael verwendete die Aufmerksamkeitsmimik reichlicher und in der verschiedensten Weise in der „Disputa", in „Paulus vor dem Areopag", in der „Schule von Athen". Bei den Gestalten der „Disputa" sieht man alle Grade der Aufmerksamkeit. Bei Paulus überwiegt die akustische Aufmerksamkeitsmimik, doch fehlt keineswegs die des inneren Aufmerkens bei denjenigen Figuren, welche über die Worte des Apostels im Geheimen nachzudenken scheinen. Bei der „Schule von Athen" sind in Blick, Gesten und Haltung der zahlreichen Gestalten alle Grade und Formen der Aufmerksamkeit ausgedrückt. Man kann sagen, dass in diesem grossartigen und bewundernswerthen Gemälde die gesammte Mimik des von affectiven Elementen freien Denkens, soweit es davon frei sein kann, ausgedrückt ist. Wie in den Gestalten der „Transfiguration" und der „Himmelfahrt" die intensivsten Ausdrücke der Ueberraschung und der furchtsamen Bewunderung vorherrschen, so in der „Schule von

Athen".die echten mimischen Bewegungen des Denkens. Das Studium dieser Meisterwerke der Kunst lehrt andererseits eine für die Physiologie wichtige Sache, dass nämlich der Gesichtsausdruck der optischen Aufmerksamkeit gar nicht verschieden ist von dem der Ueberraschung und Bewunderung; bei diesem wird der emotionelle Effekt fast ausschliesslich unter Zuhilfenahme der entsprechenden Haltung des Körpers und der Arme erzielt, wodurch die ganze Person in lebhafte Bewegung geräth, der ganze Körper sichtlich beseelt wird.

Bei Rubens kommt die intellectuelle Mimik ebenfalls häufig vor, z. B. in dem Porträt des Carneades und in anderen. Jeder Arzt kennt Rembrandt's berühmte „Anatomische Vorlesung". Hier sieht man Posen und Haltungen optischer und acustischer Aufmerksamkeit von überraschender Naturtreue und Wirkung.

Bei Porträts bemerkt man unschwer, dass auch sie, wie die Photographie, fast niemals eine Concentration des Denkens oder Beobachtens ausdrücken, und in der That kann das intensive Aufmerken, wie Ribot sagt, als ein individueller Ausnahmezustand betrachtet werden. Weniger selten ist die meditirende Haltung; jedoch zeigen die Porträts meist eine sehr dürftige Mimik: der Maler sucht das Individuum in Ruhe darzustellen, d. h. in dem gewöhnlichen Zustand des Körpers und Geistes, und begnügt sich, das Leben und den Character der Person hineinzutragen, dabei die Linien genau zeichnend, die Augen beseelend und auf die Farbentöne Sorgfalt verwendend. Zu bewundern sind die Porträts von Tintoretto und Tizian. Aber es giebt hier natürlich nicht wenige Ausnahmen. Das Bild des Doctor van Thulden von Rubens (Münchener Pinakothek), bei welchem die äusseren Winkel der Augenbraue hinaufgezogen, der Blick ins Unendliche gerichtet, der Mund geschlossen ist und sich eine Concentration der Masseteren verräth, welche der Physiognomie Leben und Kraft verleiht, — dies Porträt drückt in wirksamster Weise einen Zustand inneren Aufmerkens, starken Meditirens aus.

Nun zu den neueren Kunstwerken. Bei dem berühmten La Mennais von Calamatta ist die attentive Kraft vorzüglich dargestellt. Das Porträt Nietzsche's von Stoeving, das im

Jahre 1897 zu Venedig zu sehen war, zeigt in physiologisch wahrer und vollkommenster Weise die sensorische Aufmerksamkeit und das tiefe Denken des Forschers. Auch das Bild Meissonier's von V. Gemito (Gallerie moderner Kunst zu Rom) verdient wegen des grossartigen intellectuellen Ausdrucks genannt zu werden, welcher gerade durch die exacte Modellirung der attentiven Mimik zu Stande gekommen ist. Ein nicht weniger glückliches Beispiel dafür, wie nützlich es ist, wenn sich beim Porträt künstlerisches Gefühl und physiologische Kenntniss der Mimik vereinigt, scheint mir auch der Vallauri von P. Canonica.

Uebrigens ist es das Object, welches dem Künstler den Ausdruck vorschreibt. Wie die emotiven Posen in der decadenten Kunst der Griechen und in der Helden- und Kriegs-Malerei überwiegen, die mystischen in der religiösen, so die attentiven in der flamänder Kunst, in den Genrebildern, in der künstlerischen Darstellung des täglichen Lebens. Ein Heiliger wird sich ihm in frommer, ein Krieger in bewegter Stellung, ein Gelehrter aufmerksam und nachdenkend darbieten. Doch giebt es dabei Ausnahmen. Napoleon wurde fast immer in attentiver, sei es beobachtender oder meditirender Pose dargestellt. Eine Beimischung von etwas Stolz zu dem Ausdruck des Denkens bezeichnet ihn als Sieger, etwas Schwermuth als Besiegten. Wie viel Denken beim Napoleon von Vela! Und doch ist hier der Heros in seinem Exil und seinem Ende nahe dargestellt; der physische Schmerz und der Gedanke an das unabwendbare Schicksal vermögen nicht die physiologischen Zeichen gleichzeitiger Bethätigung der Aufmerksamkeit von seinem Antlitz zu tilgen.

Schliesslich noch eine Beobachtung, die leicht zu machen war: in der Kunst, mit einigen Ausnahmen, ist die attentive Mimik immer eine symmetrische, während, wie wir gesehen haben, in Wirklichkeit die asymmetrische viel häufiger vorkommt. Ich glaube nicht, dass die symmetrische Anordnung der Hautfalten an der Stirn und um die Augen ausdrucksvoller und wirksamer ist; eher scheint mir das Gegentheil der Fall zu sein.

Ich sehe davon ab, einen auch nur kurzen Blick in die
klassische und moderne Litteratur zu werfen, und zu untersuchen, welches der am gewöhnlichsten von den Schriftstellern,
besonders den Dichtern geschilderte Typus der Mimik des
Denkens ist; dies würde mich zu weit von meinem Ziele ab-
leiten. Nur will ich dieses Capitel mit der kurzen Beschreibung beenden, welche Plautus in seinem Miles gloriosus von
einer in Gedanken vertieften Person giebt. Es ist Palästrio,
der darüber sinnt, wie er den Diener Sceletrus und den Sol-
daten überlistet. Der alte Periplekomenes, der sich in einen
Winkel zurückgezogen hat, beobachtet die Haltung und die
Miene des Palästrio und spricht:*)

„Quaere: ego hinc abscessero abs te huc interim; illuc sis vide
„Quem ad modum adstitit severo fronte curans, cogitans,
„Pectus digitis pultat; cor credo evocaturust foras,
„Ecce avortit nisus; laevo in femore habet laevam manum,
„Dextera digitis rationem computat; ferit femur
„Dexterum, ita vehementer eicit : quod agat, aegre subpetit.
„Correpuit digitis: laborat; crebro commutat status,
„Ecce autem capite nutat; non placet quod repperit,

— — — — — — — — — — — — —

„Ecce autem aedificat: columnam mento suffigit suo . . . . .

Ich führe dieses Beispiel an, nicht nur weil es weniger
bekannt ist als die gewöhnlich citirten aus Vergil, Dante oder
dem zeitgenössischen classischen Schauspiel, sondern haupt-

---

*) M. Accius Plautus, Miles gloriosus, Act II, Vers 202. Nach d. Ueber-
setzung von W. A. B. Hertzberg, Stuttgart 1861. T. M. Plautus, Aus-
gewählte Komödien im Versmaass der Urschrift:
    „Suche nur; ich tret' indess zur Seite hier. Nun seht einmal,
 Wie mit strenger Stirn er dasteht: sinnend, suchend, sorgenvoll.
 Wie mit den Fingern er an die Brust klopft! Gelt! er ruft sein
                               Herz heraus.
Sieh'! er dreht sich! Auf sein linkes Bein legt er die linke Hand,
Macht die Rechnung mit der Rechten, während er auf den Schenkel
                               schlägt.
Mit der Rechten zuckt er heftig. Noch will ihm kein Plan zu Kopf.
Mit den Fingern schnalzt er, quält sich; ändert die Stellung wiederholt.
Sieh', nun schüttelt mit dem Kopf er; nicht gefällt ihm, was er fand. . . .
Seht, jetzt baut er! Einen Pfeiler setzt er unter seinen Kopf."

sächlich weil Plautus in dieser Rolle mit wenigen Zügen die intellectuelle Mimik in zwei verschiedenen, für uns interessanten Momenten beschreibt. Palästrio beginnt seine innere Aufmerksamkeit zu fixiren und hält daher inne — adstitit — und faltet die Stirn — severo fronte —; aber bald verräth sich in seinem Gesicht das schlaue, dabei ängstliche Suchen nach einer List: daher die mimischen Irradiationen des Rumpfes und der Glieder, die wie Darwin sagt, das plötzliche Nachdenken und eine Steigerung der Mimik des rein associativen Denkens bekunden. In diesem zweiten Moment mischt sich das Affective reichlich in die geistige Thätigkeit. Schliesslich hält Palästrio von Neuem inne; er „baut". Das ängstliche Suchen ist vorbei, die intellektuelle Mimik kehrt zu ihrem reinen und differenzirten Zustand zurück . . . . . adstitit et dulice et comoedice (Vers 215).

Der Inhalt dieses Capitels möge in einigen Schlusssätzen zusammengefasst werden:

1. Die Mimik des Denkens ist beim Erwachsenen von der emotiven hinreichend unterschieden. Bei Kopfarbeitern, bei Personen, die an die Bethätigung willkürlichen Aufmerkens gewöhnt sind, ist der Unterschied noch grösser.

2. In gewissem Sinne kann man sagen, dass die Mimik des Denkens beim Erwachsenen ein eigenes Organ hat; es ist das in der oberen Gesichtshälfte gelegene attentive mimische Centrum.

3. Die Thätigkeit dieses Centrums ist nicht immer eine beiderseitige, symmetrische, sondern häufig eine unsymmetrische.

4. Die Intensität der Thätigkeit des mimischen Gesichtscentrums beim Aufmerken ist eine verschiedene; bei den meisten Personen ist sie eine schwache. Bei Kopfarbeitern, bei denen die Art der Beschäftigung eine Anpassung des Sehorgans mit sich bringt, ist die Intensität im Allgemeinen eine stärkere, bei Landarbeitern, Analphabeten hingegen schwächer.

5. Eine sehr häufige Erscheinung sind die mimischen Irradiationen des Gesichts; eine sehr gewöhnliche ist

die in den Muskeln um den Mund, in der mimischen Mundzone. Hier ist ein Vergleich angebracht: wir sahen schon,
dass bei den höheren Thieren, die kein eigentliches mimisches
attentives Centrum besitzen, diese mimische Zone beim Aufmerken gewöhnlich in Thätigkeit tritt.

6. Die mimischen Irradiationen sind sehr vielfache und
unterliegen erheblichen individuellen Schwankungen. Sie bekunden oft die Betonung des affektiven Elements im Zustand
des Aufmerkens.

7. Manche mimischen Irradiationen am Rumpf und an den
Gliedern stellen extreme individuelle Variationen der intellectuellen menschlichen Mimik dar; sie stehen an der Grenze
der Anomalie. Wie man auch immer diese eigenthümlichen
Irradiationen erklären mag, ein Vergleich mit den Thieren,
bei welchen, wie bereits bemerkt, ein mimisches Gesichtscentrum
der Aufmerksamkeit fehlt, zeigt, dass diese sich hier durch
die Thätigkeit der Rumpf- und Gliedermuskulatur zu erkennen
gibt; das Aufmerken geschieht bei den Thieren nicht nur mit
dem Kopfe, sondern mit dem ganzen Körper.

8. Die Mimik der sensorischen und inneren Aufmerksamkeit ist hauptsächlich eine optische. Die optische Mimik wird
auf die Thätigkeit der übrigen Sinne und der inneren Aufmerksamkeit übertragen, obgleich ein Zweck dafür nicht ersichtlich
scheint.

Capitel VI.

Die Mimik des concentrirten und des diffusen Denkens.

Die Concentration der Aufmerksamkeit kann natürlich verschieden stark sein und zwar hängt dies nach der klassischen Psychologie von dem grösseren oder geringeren Maße der darauf verwendeten Willenskraft ab. Ich bin nicht gerade dieser Meinung, und ziehe deshalb vor, diese schwierige Frage zu übergehen.

Mit der einfachen Bezeichnung concentrirtes oder diffuses Denken beabsichtige ich keineswegs, das Maß des auf die psychische oder sensorische Thätigkeit gerichteten Willens anzugeben; es soll damit nur eine objective Thatsache festgestellt werden, nämlich das Vorhandensein oder Nichtvorhandensein einer sichtbaren und bis zu einem gewissen Punkte physiologisch messbaren Anpassung der Aufmerksamkeit.

Es ist natürlich, dass der mimische Ausdruck im Zustand des concentrirten Denkens verschieden ist von dem des zerstreuten, insofern im ersten Falle das Individuum eine Anpassung anstrebt, im zweiten sich einer gewissen Passivität hingiebt. Bei der Concentration scheinen die Gesten und Haltungen von der Peripherie auszugehen und nach dem Centrum des Gesichts zu convergiren; es ist eine concentrirte Mimik; Typus: die Meditation. Beim diffusen Denken dagegen erscheinen sie centrifugal; Typus: die Zerstreutheit.

a) Concentrirtes Denken.

Sowohl die sensorische wie die innere Aufmerksamkeit sind, wenn sie den Grad echter Concentration erreichen, von einer beträchtlichen mimischen Thätigkeit begleitet.

Es seien einige, ausschliesslich auf persönliche Beobachtungen gestützte Angaben hierzu gemacht.

Beim concentrirten Denken ist die Thätigkeit des mimischen Centrums der oberen Gesichtspartie oft eine intensive. Nicht selten fehlen jedoch die Falten an der Stirn und den Augenbrauen, während die ganze Muskulatur des Gesichts und speciell auch die der unteren Hälfte eine charakteristische Hypertonie verräth. Nach meinen Erfahrungen überwiegt dieser zweite Typus bei der Meditation und zwar ist es gerade diese Starrheit des Gesichts, welche die Meditation vom Schlaf unterscheidet, bei dem eine Erschlaffung der Muskeln und demzufolge ein Herabhängen des Unterkiefers statthat. In der Kunst sieht man leicht Ausdrücke innerer Sammlung ohne eine schmerzliche oder freudige Gefühlsbetonung, charakterisirt durch Geschlossensein der Lidspalten und des Mundes, das jedoch kein krampfhaftes ist. Es fehlen die Falten im Bereich der Ringmuskeln.

Die verschiedenen Typen des concentrirten Denkens stehen meines Erachtens in Beziehung

a) zu der Art des Objects. Bei der sensorischen Concentration ist der Stirnmuskel fast immer stärker zusammengezogen und es überwiegt im Allgemeinen die Thätigkeit des mimischen Aufmerksamkeitscentrums, während bei der inneren Concentration der Musculus orbicularis palpebrarum und der supraciliaris, entweder für sich allein oder, öfter, in Verbindung mit einem mimischen Muskel der unteren Gesichtshälfte thätig ist,

b) zu den Gewohnheiten des Subjects. Sicherlich erscheint bei den Personen, welche an Nachdenken und Ueberlegung gewöhnt sind, die Mimik der Concentration viel weniger angestrengt, wenn auch ausdrucksvoller, als bei anderen,

c) zu dem Grade der Concentration. Das ist sehr natürlich; es ergiebt sich jedoch aus meinen Beobachtungen, dass ein genaues proportionales Verhältniss zwischen ihm und der Stärke des mimischen Ausdrucks nur bei Leuten besteht, die wenig an Reflexion gewöhnt sind. Wer häufig nachzudenken pflegt, kann sich stark concentriren und dabei doch nur sehr geringe, wenn auch ausdrucksvolle Muskelcontractionen im Gesicht zeigen.

Wenn beim concentrirten Denken nicht selten ein von Gemüthsbewegung freier Ausdruck beobachtet wird, so lässt sich doch nicht leugnen, dass sehr häufig aus der Mimik des Denkenden und Sinnenden recht deutlich ein bestimmter Gefühlszustand hervorschimmert.

Es giebt eine geistige Concentration mit heiterer und trauriger Nuance. Die japanischen Götter z. B. werden gewöhnlich in lächelnde Meditation versunken dargestellt, ebenso manche christliche Heilige. Nicht minder häufig trifft man jedoch bei Heiligen oder bei Philosophen einen leicht schmerzlichen Ausdruck, eine stille Schwermuth. Nach meiner Erfahrung muss man hierbei aber einen Fehler vermeiden. Man darf den individuellen Grundzug der Physiognomie, der natürlich auch bei der mimischen Concentration sich geltend macht, nicht für ein, die letztere selbst begleitendes Zeichen von Emotion halten, die sich auf die Art des Objectes bezieht. Unzweifelhaft giebt es Physiognomien mit constant traurigem oder heiterem Ausdruck; in solchen Fällen nun ändert die Concentration der Mimik, als vorübergehende Erscheinung, nicht den physiognomischen Grundzug; sie kann ihn verschärfen, aber deshalb kann man nicht sagen, dass die Concentration an sich eine heitere oder schmerzliche ist.

Die Mimik des concentrirten Denkens kann man in ihrem ganzen Formenreichthum bei den Mystikern studiren, da diese zu allen Zeiten und an allen Orten die grösste Mühe darauf verwendeten, sich auf eine Vision oder eine innere Stimme zu concentriren.

Während in der Entwicklungsperiode, die als purgative bekannt ist, der Mystiker in seiner Mimik den ganzen Widerstreit, alle die schrecklichen inneren Gegensätze an den Tag legt (emotive Mimik), kommt in der späteren, illuminativen oder unitiven Periode bei der Mimik des Denkens die Vertiefung in eine einzige Idee, sei es eins der Attribute Gottes oder Brahmas, oder ein Vers aus dem Koran oder der Bibel oder das geistige Bild eines Momentes aus der Passionsgeschichte des Christus zur Geltung. Man kann nicht entgegenhalten, dass es sich bei der mystischen Contemplation und dem Gebet immer nur um eine emotionelle Mimik handle. Wer betet, erfährt wohl eine Erhebung des Gemüths, aber die Seelsorger unterscheiden gerade beim Gebet drei Momente, die Betrachtung, den Affect und den Entschluss, welche die sozusagen isolirte oder wenigstens überwiegende Thätigkeit der reinen Aufmerksamkeit, des Gefühls und des Willens darstellen. Allerdings ist das Gebet nach der Auffassung der Kirchenväter nichts Anderes als die Liebe zu Gott, „ein unaussprechliches Wehklagen, vom heiligen Geist im Grunde unseres Herzens erzeugt", wie es ein Ascet*) definirte: aber der hl. Bernardus setzt es in seiner Abhandlung De Consideratione ganz klar auseinander, welchen Antheil am Gebet und überhaupt an der Frömmigkeit die echte schlichte Bethätigung der Aufmerksamkeit haben muss**); und der hl. Franciscus von Sales lehrte, dass die Contemplation „eine einfache, nachhaltige Richtung des Geistes auf die göttlichen Dinge" sei.

Ich ziehe hier speciell einen Punkt der Contemplation in Betracht, nämlich die Concentration der Aufmerksamkeit auf den Gegenstand.

Die Werke der Mystik behandeln alle ausführlich die Nothwendigkeit, die Aufmerksamkeit zu concentriren, und die Methoden, die im Moment der Contemplation eintretenden Ablenkungen zu überwinden. Der hl. Augustinus (Predigt über den Psalm 85) bekennt Gott die Unstetheit seiner Aufmerksamkeit: „ex aegritudine defluo" und fleht zu ihm: „Cura et stabo, confirma et firmus ero".

Die berühmte Madame Guyon empfiehlt in ihren Gebetsregeln: „il faut s'arrêter doucement sur quelque pensée substantielle non avec raisonnement, mais seulement pour fixer l'esprit".

Die hl. Therese, die sicher krank war, aber, wie eine treffliche Schriftstellerin bemerkt, „keine Verrückte oder Besessene . . . sondern eine schöne, reine, feste, gedankenvolle

---

*) Chanteresme, Trattato della orazione, übersetzt von P. Mersandro, Pompeo Berti Lucchese, Venedig 1736, Thl. II, pag. 265.
**) Cfr. Chanteresme, Loc. cit., Thl. II, pag. 343 u. ff.

und scharf beobachtende Seele", beschrieb exact und mit ganzer Offenheit die Schwierigkeit, die ihr bei der Concentration der Gedanken während des Gebets entgegentraten. Es seien einige Stellen aus ihren Schriften*) wiedergegeben, welche meines Erachtens sehr interessante Documente für die von Flournoy**) sogenannte Religionspsychologie enthält.

„An einem Dienstag nach Himmelfahrt, als ich nach der Communion eine Weile im Gebet zugebracht hatte, weil ich so zerstreut war, dass ich mit meinen Gedanken bei keinem Dinge verbleiben konnte, klagte ich dem Herrn über unsere elende Natur"**). Und an einer anderen Stelle fügt sie hinzu: „Ueber vierzehn Jahre lang konnte ich nur Betrachtungen halten, wenn ich gleichzeitig las. Und es wird solche Leute viele geben und sogar andere, die selbst mit Unterstützung durch Lectüre zur Meditation unfähig sind .... Manche haben so leichte und unbeständige Vorstellungen und Gedanken, dass sie nicht bei einer Sache verweilen können, sondern immer in Unruhe und Unbeständigkeit leben .... Ich kenne eine bejahrte, sehr rechtschaffene Person, die viele Stunden im mündlichen Gebet zubringt, aber innerlich zu beten vermochte sie nicht ...."†)

An anderer Stelle:

„Es giebt einige Seelen und Geister, ungeordnet und confus wie ungezügelte Pferde, die kein Mensch aufhalten kann und die in steter Unruhe sich bald dahin, bald dorthin wenden ....."††)

In der „Seelenburg" sagt die Heilige, dass sie über alle Hindernisse, die sich der Concentration ihrer Gedanken beim Gebet entgegenstellen, triumphirt habe.

---

*) Opere spirituali della Sancta Madre Teresa di Gesù etc., in 2 Theilen, Venedig 1690.

**) Th. Flournoy, Les principes de la Psychologie religieuse, Archives de Psychologie, December 1902. Der Autor, wie auch andere Psychologen, bekämpft diejenigen Aerzte, welche ohne Weiteres alle Mystiker für Irre und Degenerirte ansehen.

***) Opere spirit. cit. Vita della S. Madre Teresa di Gesù, additioni, pag. 149.

†) Op. sp. cit. Weg zur Vollkommenheit, cap. XVII, pag. 182.

††) Op. sp. cit. Weg zur Vollkommenheit, cap. XIX, pag. 185.

„Es ist nicht der Fall, dass der Herr mir dieses Kopfleiden habe geben wollen, damit ich ihn besser verstehe, denn trotz des Geräusches, das im Kopfe herrscht, werde ich weder im Gebet noch in der Aufmerksamkeit auf meine Worte gestört, sondern die Seele befindet sich in ihrer vollen Ruhe, Liebe und Sehnsucht und bei klarem Verstande. Wenn nun im obersten Theil des Kopfes das Höchste der Seele wohnt, warum stört es sie nicht? Ich weiss es nicht, aber ich weiss, dass das, was ich sage, wahr ist. Wenn das Gebet nicht mit Andacht verbunden ist, dann stört und peinigt es sie; geht es aber in Andacht vor sich, so fühlt man sich nie beschwert. Es wäre ein grosses Uebel, wenn ich wegen dieses Hindernisses das Gebet ganz unterliesse."*)

Der hl. Ignazius von Loyola handelt in seinen „geistlichen Uebungen"**) ebenfalls von diesen inneren Kämpfen, die in den ersten Perioden der geistigen Vervollkommnung unvermeidlich auftreten. In der sechsten „Annotatio" sagt er: „... cum sentit ei, qui exercetur, nullas incidere spirituales motiones in anima . . . . neque eum agitari variis spiritibus . . . ." Das Fehlen dieser inneren Erregungen ist sogar kein gutes Zeichen, sagen die Commentatoren des Loyola.

Die Mystiker aller Zeiten, von den indischen Philosophen bis zu Plotinus und Swedenborg, von Hugo de Saint-Victor bis zu den Mönchen des Athos und den westländischen Theosophen, waren stets bestrebt, für die Erreichung der geistigen Concentration, für die Ueberwindung der Ablenkungen und der Verzagtheit des betenden Schülers Normen zu geben.

Hören wir nochmals, was die hl. Therese in ihrem „Weg zur Vollkommenheit" sagt: „In gleicher Weise ist die Lectüre eines guten einfachen Buches ein treffliches Heilmittel, um die Gedanken zu sammeln, zu einer guten Art des mündlichen Betens zu gelangen und allmählich die Seele durch

---

*) Op. Sp. cit. „Seelenburg", „Vierte Wohnung", Cap. I, S. 251.

**) S. P. Ignatius von Loyola: Exercitia spiritualia versio litteralis ex autographo hispanico nobis illustrata. Von R. P. Johannes Roothan, Augsburg 1887.

Freundlichkeiten und Zärtlichkeiten daran zu gewöhnen, um sie nicht abzuschrecken."*)

Und später**): „Denn dort, in sich selbst zurückgezogen, kann die Seele an Christus denken und seine Leidensgeschichte und sein Opfer, und das Christuskind sich vorstellen, und sie bedrängt den Geist nicht damit, jenen auf dem Monte Calvario oder im Garten oder an der Säule zu suchen. Wer in dieser Weise sich in diesen kleinen Himmel unserer Seele einschliessen kann, wo der ist, der ihn und die Erde erschaffen hat, und wer sich gewöhnt, nicht dahin zu schauen und dort zu verweilen, wohin die äusseren Sinne abgelenkt werden, der glaubt auf einem herrlichen Wege zu wandeln. . . . Denn der Herr hat es gewollt, dass für die Zeit des Gebets die Seele und der Wille in diesem Reich zu sein verdient hat, dass, auf ein einziges Zeichen und nicht mehr, sich sammeln zu wollen, die Empfindungen gehorchen und sich auf sie zurückziehen. Und wenn sie darnach wieder heraustreten, so ist es nichts destoweniger ein grosser Gewinn, dass sie bereits gefesselt sind, denn sie treten als Sklaven unter Unterwürfigen hervor und richten nicht das Unheil an, das sie zuvor hätten thun können. Und wenn der Wille sie wieder ruft, kommen sie schneller, bis nach häufiger Selbsteinkehr der Seele es dem Herrn gefällt, dass sie ganz in vollkommener Contemplation verbleiben."

Der hl. Ignatius***) giebt noch speciellere Vorschriften: „. . . in contemplatione vel meditatione de re visibili ut est contemplari Christum Dominium nostrum, qui visibilis est, compositio erit videre visu imaginationis locum corporeum ubi reperitur ea res quam volo contemplari. Dico locum corporeum, ut v. g. templum vel montem, ubi reperitur Jesus C. vel Domina nostra juxta id quod contemplari volo. In meditatione de re invisibili . . . compositio erit videre visu imaginationis et considerare animam meam esse in hoc corpore. . . . tamquam carcere inclusam . . ."

---

*) Op. Sp. cit. Weg der Vollkommenheit, Cap. XXVI.
**) Cap. XXVIII.
***) Op. cit., Exercit. primum. I. Hebdomada, pag. 82.

Der hl. Ignatius selbst beschreibt die Einzelheiten in den drei Arten des Betens.*)

Er sagt: „antequam intrem in orationem quiescat paululum spiritus, sedendo vel ambulando." Für ihn besteht die zweite Art zu beten in der Betrachtung der Bedeutung der einzelnen Gebetsworte: „. . . . genibus flexis, vel sedens . . . tenendo oculos clausos vel defixos in unum locum neque huc illuc eos movendo, dicat: Pater, et consistat in consideratione hujus vocis tamdiu quamdiu invenit significationes varias, comparationes . . . et eodem modo faciat in quavis voce orationis." Die dritte Art zu beten besteht darin, „ad quemlibet anhelitum (seu respirationem)" ein Wort des Gebets so auszusprechen, „ut una sola vox dicatur inter unum anhelitum et alterum": und in dem Intervall zwischen zwei Seufzern denkt man über die Bedeutung des Wortes oder über die eigene Nichtigkeit etc. nach. Dies ist die Gebetsmethode ad mensuram.

Wer erinnert sich hier nicht an jene indischen Mystiker, die zum Zweck der Concentration fortwährend das Wort Oum wiederholen oder den Athem anhalten?

Es giebt also eine Technik zur Erzielung concentrirten Denkens, eine Technik, die wir mehr oder weniger minutiös, sowohl bei den christlichen wie bei den indischen Mystikern beschrieben finden, beim hl. Johannes vom Kreuze, beim hl. Ignatius, bei Franziskus von Sales wie bei den Yoghi. Patanjali hat mit grosser Sorgfalt die Methoden zur Erlangung der nothwendigen geistigen Abstraction (Pramazama), zur Concentration und Meditation (Pratyahara und Dharana) geschildert. Aehnliche Proceduren werden noch heute von den Theosophen**) und manchen Anhängern der Psychotherapie und des Hypnotismus gehandhabt. Es ist noch nicht lange her, dass Adele Maria Rique, von einem neuen Systeme psychophysischer Cultur redend (die Namen bedingen keinen Unterschied), praktische Regeln über die verschiedenen Stellungen gab, welche der Körper einnehmen müsse, damit der Geist sich einer Idee mehr zuwende als einer anderen.

---

*) Op. cit., pag. 225.
**) Cfr. A. P. Sinnet, Le monde occulte, II. Aufl. Paris, 1901; und die Werke von Frau Blawatski und Frau Annie Besant.

Gewisse Haltungen des Gesichts und des Körpers, welche von den Yoghi zwecks Concentration geübt werden, wie das Trataka oder die Betrachtung der eigenen Nasenspitze und der Stelle zwischen den Augenbrauen, das Paducasana, eine der bekanntesten und vom Yoga etc. am meisten empfohlenen mystischen Geberden, weisen auf den berühmten Oong-Fou hin. Letzteres umfasst die Gesammtheit der physischen Uebungen — die grossentheils der schwedischen Gymnastik ähneln! —, der sonderbaren und schwierigen Stellungen des Rumpfes, der Glieder, Augen, der Zunge und der verschiedenen Arten, die Athmung zu reguliren. Dieser Dinge befleissigen sich die Bonzen Tao-See zu Heilszwecken, aber im Grunde genommen, mit der Absicht, ihre innere Aufmerksamkeit in eine bestimmte Richtung zu lenken.

Der Ausdruck der mystischen Meditation gestaltet sich, wie schon gesagt, je nach dem Grade der Concentration ziemlich verschieden: er verräth eine vollkommene Ruhe, fast eine Aufhebung des Bewusstseins und jeder Gehirnthätigkeit in der echten, vollständigen Ekstase; er unterscheidet sich nicht sehr von dem gewöhnlichen Ausdruck im Momente künstlerischen Schaffens, beim gewöhnlichen stillen Beten und bei der abstrahirenden Meditation.

In künstlerischen Darstellungen der mystischen Contemplation sieht man die Arme oft in die Höhe erhoben wie im Augenblick der Umarmung, die Beine steif gestreckt oder im Knie gebeugt, der Rumpf ist bald gerade aufgerichtet, bald stark nach hinten geneigt; der Kopf bald nach oben gewendet, bald bis auf die Brust gesenkt. Die Stirn ist häufig geglättet, die Augen weit geöffnet, während der Mund halb offen steht und der Kiefer herunterhängt, manchmal dagegen liegen horizontale und senkrechte Falten auf der Stirn, die Augenlider sind zusammengezogen und der Mund ist, fast wie beim Kuss, geschlossen. Die Augen sind bald gegen den Himmel gerichtet (régard ravi der Franzosen), bald nach unten gesenkt, oder der Blick schweift ins Leere, Unendliche. Kurz die Verschiedenheiten sind ganz erhebliche, je nach dem Grade der Concentration und vielleicht auch nach den individuellen Verhältnissen.

Der berühmte hl. Antonius von Domenico Morelli hält den Nacken steif und die Augen nach oben gerichtet; die Arme sind krampfhaft angezogen und zeigen in allen ihren Theilen die Contractur; die ganze Figur verräth die concentrische Haltung; nur die mimischen Muskeln des Gesichts sind erschlafft, der Mund halb geöffnet, der Kiefer hängt herab. Dieser Antagonismus, der einen eigenartigen Ausdruck verleiht, zeigt, dass auch bei der höchsten Concentration der Aufmerksamkeit ganz beträchtliche Abweichungen in der Mimik vorkommen. In der That kann bei intensiver Geistesarbeit bald die Reizung der motorischen Zonen der Gehirnrinde, der Krampf, bald die Erschöpfung, die verminderte motorische Innervation, die Lähmung, überwiegen.

In manchen Fällen ist die Contemplation von einem sehr abgeschwächten Ausdruck begleitet, wodurch das Gesicht des Individuums einen friedlichen, sozusagen himmlischen Zug erhält. Man vergleiche z. B. den hl. Antonius von Morelli mit „Christus in Versuchung" desselben Künstlers. Dort die Zeichen der Kraftanstrengung; beim Christus die vollkommenste Ruhe als Folge der richtigen Spannung in den Muskeln des Gesichts und des ganzen Körpers. Und dann alle die Meisterwerke der kirchlichen Kunst! Bei ihnen ist, wie schon im vorigen Capitel bemerkt wurde, auch die Mimik des concentrirten Denkens idealisirt und christianisirt. Die meditirenden Madonnen und Heiligen zeigen sämmtlich den Ausdruck tiefer Ruhe.

b) Das diffuse Denken.

Es ist gekennzeichnet durch ein Minimum von Anstrengung, und wenn man erwägt, dass es, der Definition gemäss, nur sehr wenig affective Elemente enthält, so ist leicht verständlich, wie gering ausgeprägt seine Mimik sein muss.

Ich verstehe jedoch unter diesem Namen eine Reihe von Aufmerksamkeitszuständen, die wir, schon der Übergangszustände willen, die es mit dem concentrirten Denken verbinden, bestimmen müssen.

An die natürliche Aufmerksamkeit leichten Grades, die wir ohne Anstrengung und Erregung den Dingen der täglichen Beobachtung zuwenden und bei der gewöhnlichen Unterhaltung und Beschäftigung bekunden, reiht sich das sogen. zerstreute Denken (das diffuse Denken im engeren Sinne), die Phantasterei, Träumerei, die hypnoiden Zustände (Freud und Möbius) und schliesslich die Ekstase.

Solche Zustände der Aufmerksamkeit verlaufen in der That unter sehr geringer Inanspruchnahme des Gemüths und ohne jeden Kraftaufwand; auch sind sie gekennzeichnet durch ein eigenartiges Ruhen der Affecte und der Verstandesarbeit, das sehr dem Zustand des Unterbewusstseins und des Halbtraumes ähnelt. Das diffuse Denken repräsentirt überhaupt die Summe der bewusstseins- und willensschwachen Zustände.

Träumer, sagt Azam*), ist ein Mensch, welcher, auf die Frage: „woran denken Sie"? antwortet: „ich denke an nichts". Sein Denken ist thatsächlich vag und ohne bestimmte Richtung. Das Werk der klaren Einbildung ist eine Landschaft in heller Beleuchtung, das der Träumerei eine solche in Nebel.

Ribot betrachtet die Träumerei als eine Form der diffluirenden Imagination; hier haben die Bilder unbestimmte, unklare Conturen und sind unter sich nach den weniger strengen Regeln der Association verknüpft.**)

A. Binet***) stellte zwei Personen, bei denen er den Zustand der Träumerei studiren wollte, die Frage: „Begegnet es Ihnen manchmal im Laufe des Tages, dass Sie träumen, d. h. dass Sie in Nichtsthun verharren, um dem Gedanken den Lauf zu lassen, den er nehmen will?" Er fügt hinzu, dass die Anlage zur Träumerei sehr verbreitet ist; letztere bekundet sich durch zwei Merkmale, durch das Gefühl, dem eigenen Gedanken keine Richtung zu geben, und den Verlust des Bewusstseins der Umgebung.

Man kennt die sogen. Geschichten ohne Ende, the continued story†), die manche Personen sich selbst in Stunden geistiger Musse oder bei ihrer gewöhnlichen, leichten Beschäf-

---

*) Azam, Le caractère, Paris 1887, pag. 125.
**) Ribot, Essai sur l'imagination créatrice, Paris 1900, Cap. II.
***) A. Binet, L'étude experimentale de l'intelligence. Paris 1903 pag. 16—17.
†) cfr. American Journal of Psychology. VII, pag. 86.

tigung erzählen. Es sind immer Phantastereien, Erdichtungen der unterbewussten Einbildung, öfter durch Vorgänge in der Umgebung unterbrochen und ebenso oft wieder aufgenommen, und mit einem gewissen Behagen, aber ohne jede geistige Anstrengung fortgesetzt.

Die charakteristischsten Zustände des diffusen Denkens finden wir bereits bei älteren Schriftstellern geschildert*), aber nicht genau analysirt.

Einige Autoren behaupten, dass dabei die geistige Concentration sehr bedeutend sei und nur, da das Object ein ideelles, d. h. autopsychisches ist (um den Ausdruck Wernicke's zu gebrauchen), die im Nachstehenden zu beschreibende charakterische Mimik und Physiognomik vorhanden ist.

Ich theile diese Meinung nicht. Die Mimik drückt in solchen Zuständen keine Anstrengung aus, das Individuum empfindet keinerlei Ermüdung; man darf daher annehmen, dass es sich nicht um eine tiefe Concentration handelt, sondern im Gegentheil um eine oberflächliche und schwache Contemplation einer Reihe von Ideen, welche sich, ohne störendes Eingreifen anderer Serien in den Associationsablauf, abwickeln; jede hemmende Thätigkeit bleibt dem Gehirn des Denkers dabei erspart. Es ist in Wahrheit ein halbautomatisches Denken, das bei geringer Helligkeit des Bewusstseins in aller Ruhe dahinfliesst. Nicht einmal ist es richtig, dass das Object immer ein ideelles sein muss. Selbst Gratiolet**) scheint diesen Irrthum zu begehen; er meint, dass, wenn die Aufmerksamkeit sich auf ein ideelles Bild richtet, das Auge in der Leere herumschweift und automatisch der Contemplation der Seele folgt. Auch bei der Bethätigung der sensorischen Aufmerksamkeit, besonders der optischen, kann der beschriebene Zustand eintreten. Man beobachtet dies z. B. leicht bei ungebildeten Personen, wenn sie einer Rede zuhören, die sie nicht verstehen, oder sich vor grossartigen Kunstwerken oder einem

---

*) Wegen der Litteratur über die Träumerei, Dämmerzustände, Traumzustände vergleiche S. de Sanctis, Die Träume, deutsche Uebersetzung. C. Marhold, Halle a. S. 1900. Cap. XI. Radestock, Schlaf und Traum. Leipzig 1879.

**) Op. cit., pag. 155.

neuen Schauspiel befinden. Solche Leute fallen dann in eine Art ganz leichter Hypnose. Azam selbst sagt, dass die Einsamkeit, der Anblick des weiten Meeres und des unbegrenzten Horizonts, ebenso wie gewisse Vergiftungen, zur Träumerei führen können. Es ist daher anzunehmen, dass die Betrachtung äusserer Objecte zu einem träumerischen Zustande führen kann, wie ja Shelley, Edgar, Poë, Balzac und andere Dichter, auch viele geniale Personen, die der Vergiftung mit Alcohol, Haschisch, Opium etc. fröhndeten, leicht in den Zustand des zerstreuten Denkens geriethen. Die Gewohnheit des diffusen Denkens prägt sich nicht selten im Gesicht aus. Etwas Träumerisches liegt in den Zügen mancher Somnambulen, Hellseher, Hysterischen und solcher Personen, die angeben, aufgeregt zu schlafen und unaufhörlich zu träumen.

Andere Autoren, die von der Annahme ausgehen, dass in den Zuständen, die ich als diffuses Denken bezeichne, die Aufmerksamkeit sehr intensiv ist, folgern daraus, dass die Innervation der Gesichtsmuskeln nachlässt bis sogar der Mund offen steht. Meines Erachtens steht diese Folgerung zu jener Annahme in keiner Beziehung. Wenn das Denken wirklich intensiv ist, mag es auch ideellen Objecten zugewandt sein, so findet vielmehr gewöhnlich, wie schon gesagt, neben der Unbeweglichkeit, eine allgemeine Hypertonie und energische Thätigkeit der mimischen Muskeln statt. Der Blick Beethoven's in dem Porträt von Kloeber ist nicht träumerisch, wie Piderit meinen möchte, sondern drückt, glaube ich, eine starke Concentration der inneren Aufmerksamkeit aus.

Darwin*) beschäftigte sich mit dem sogenannten leeren Ausdruck der Augen. Wenn man in Gedanken versunken und zerstreut ist, sagt er, runzeln sich die Augenbrauen nicht, der Blick ist leer, die untern Lider pflegen sich zu erheben und zu falten und der obere Theil der Orbicularmuskeln contrahirt sich leicht. Die Faltung der unteren Augenlider bei solchen Zuständen wurde von Dyson Lacy an den Australiern von Queensland, von Geach bei den Malayen im Innern von Malakka beobachtet. Der leere Augenausdruck wurde von

---

*) Op. cit., pag. 153.

Donders auf Wunsch Darwin's studirt: die Augen sind nicht auf einen bestimmten Punkt gerichtet, oft divergiren die Augenaxen ein wenig und die von Donders bei verschiedenen Stellungen des Kopfes gemessene Divergenz wurde von ihm auf die völlige Erschlaffung einiger Augenmuskeln zurückgeführt.

Folgendes sind die Resultate meiner persönlichen Beobachtungen.

Am häufigsten ist beim diffusen Denken die Unbeweglichkeit, wie bei der Concentration. Nur in den leichteren Graden desselben kann es vorkommen, dass nicht nur rhythmische Bewegungen eines Gliedes, das Hervorbringen eines monotonen Lautes, ja die Wiederholung von Worten oder stereotyper Wendungen stattfinden, wahre mimische Irradiationen, ähnlich den bereits bei den leichteren Graden der Concentration beschriebenen, sondern es wird auch irgend eine Beschäftigung mit den Händen ausgeführt.

Bei nicht wenigen Personen, die leicht in den Zustand zerstreuten Denkens gerathen, habe ich eine merkwürdige Sache beobachtet. Bald trommelten sie im Takt mit den Fingern, bald erzeugten sie mit der Lippe eine Art Summen, bald zeichneten sie Striche auf den Tisch. Ich habe versucht, einige solcher Zeichnungen zu sammeln; fast immer handelt es sich um Sterne, Rosetten, geometrische Figuren, kurz um sehr einfache, fast kindliche Zeichnungen, die ein Bestreben nach Symmetrie verrathen. Es sind halbautomatische und schwachbewusste Handlungen.

Häufiger ist beim diffusen Denken, wie bemerkt, die Unbeweglichkeit, die Physiognomie der Verzauberten.

Die mimische Innervation ist sehr schwach, auf der Stirn fehlen die Falten, der Mund steht halboffen, der Blick irrt umher, die Augenaxen verlaufen beinahe parallel, der Kopf ist leicht geneigt oder auf eine Hand gestützt. Eine exacte künstlerische Darstellung dieses Zustandes scheint mir das Bild von Viktor Corcos: „Die Träume", in der Gallerie moderner Kunst in Rom zu sein; der Ausdruck ist äusserst effectvoll. Auch der „Machiavelli" von Stefan Ussi in derselben Gallerie hat die Pose und die charakteristische Divergenz der Augen beim

diffusen Denken; der Mangel von Stirnfalten schliesst jede
geistige Anstrengung aus, die rechte Hand bietet dem Kinn
einen Stützpunkt. Die Miene Macchiavelli's hat nichts
von Concentration; man vergleiche damit die Haltung und den
Ausdruck des „Denkers" von Rodin, und um auf die classische
Kunst zurückzugreifen, die Statue des Lorenzo von Medici von
Michelangelo (Kapellen der Mediceer in Florenz). Lorenzo
stützt das Kinn auf die Hand, aber der Kopf ruht nicht völlig
darauf, der Hals ist gerade und die obere Gesichtshälfte, in
der die beiden senkrechten, von der Contraction der Musculi
supraciliares herrührenden Falten umrissen sind, verräth deutlich die thätige Concentration des Denkens.

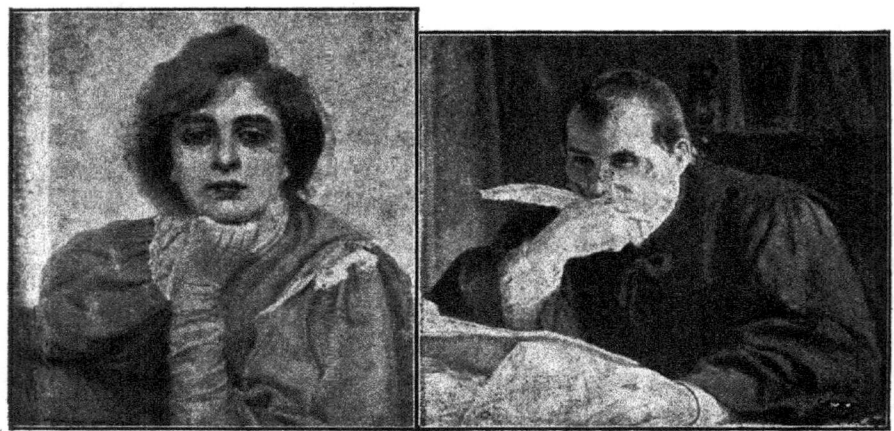

Fig 33. „Träume" von V. Corcos.   Fig. 34. „Macchiavelli" von S. Ussi.

In der classischen Kunst kommen Physiognomieen des
diffusen Denkens vor. Ich glaube, dass die Figur des „Friedens" in den allegorischen Fresken Lorenzetti's im Rathhaus
von Siena als Beispiel hierfür dienen kann. Man muss jedoch
zugeben, dass die modernen Maler diesen Ausdruck bei weitem
genauer und specificirter dargestellt haben.

Nach meinen Beobachtungen ist die Mimik des diffusen
Denkens verschieden, je nach der Art des Gefühls, das, wenn
auch sehr schwach, daneben einhergeht. Es giebt in der That
ein diffuses Denken heiterer und trauriger Art. Bei dem

ersteren sieht man oft deutlich eine ganz leichte Contraction des unteren Theils des Orbicularis palpebrarum, zuweilen auch des grossen Zygomaticus. Bei dem letzteren habe ich niemals die Contraction des Stirnmuskels beobachtet, niemals eine Hautfalte. Auf dem Antlitz liegt die Energielosigkeit, auf der Persönlichkeit die Selbstvergessenheit.

Das diffuse Denken heiterer Art ist überdies häufiger als das traurige. In der kirchlichen Kunst finden sich mehrere

Fig. 35. Statue des Lorenzo von Medici, genannt „der Gedanke" von Michelangelo.

Beispiele von ihr; denn da der Künstler bei Engeln und Heiligen oder Madonnen dem Ausdruck vollkommenen Glückes einen leichten Zug von Aufmerksamkeit zuzufügen wusste, kam oft der Ausdruck des diffusen Denkens zu Stande. Bei zwei Werken der classischen Kunst scheint letzterer von einer schwachen affectiven Nuance begleitet, nämlich bei dem Porträt eines Jünglings von Raffael (im Louvre) und bei dem des

Schauspielers und Dramaturgen Killigrew in dem berühmten Gemälde von van Dyk (Schloss Windsor). Der Jüngling Raffael's hat die rechte Hand gegen den Kopf gestützt, das Auge offen und ganz ruhig; im Gesicht fehlt jede Falte. Man könnte sagen, dass ihn angenehme Gedanken beschäftigen, jedenfalls ziehen sie friedlich dahin, als wenn das Gehirn nicht arbeitet. Killigrew stützt den rechten Ellbogen auf den Sockel eines Säulenstumpfes, der Kopf ist nach vorn geneigt und ruht auf der nach hinten gebeugten rechten Hand, der Blick verräth Gedanken, aber die Pose ist nachlässig, auf dem ruhigen Antlitz keine Falte.

Der Ausdruck des diffusen Denkens ist bei Kindern zwar ziemlich selten, jedoch liess sich sein Vorkommen voraussetzen, da bei ihnen wie bei Erwachsenen Zustände von Unterbewusstheit und Halbautomatismus, von Träumerei und Hypnotismus auftreten können. *)

Wir sehen einen solchen in Fig. 36; ein dreijähriges Kind zeigt hier eine characteristisch träumerische Physiognomie. Die mimische Mund- und Augenzone sind ganz stumm; kein Zeichen von Anstrengung oder Emotion; das Ruhen des Kopfes auf der rechten Hand ist bezeichnend; es fehlt nur die Divergenz der Augenaxen. Dieser Knabe bot häufig die Pose und Mimik, die auf der Photographie festgehalten sind. Wenn man ihn fragte, woran er denke, so antwortete er regelmässig wie aus dem Schlafe auffahrend: „an nichts". Thatsächlich hielt er weder den Blick auf einen Gegenstand gerichtet, noch schien er auf ein Geräusch zu horchen; ganz spontan nahm er jene Haltung ein, wie Jemand es thut, der absichtlich nichts beobachten, an nichts denken will.

Die Physiognomie eines schlafenden Kindes hat manchmal den Ausdruck des diffusen Denkens, obgleich die Augen mehr weniger vollständig geschlossen sind. Man stelle sich nur das Kind in Fig. 36 mit geschlossenen Augen vor und es wird ruhig zu schlafen scheinen. Das diffuse Denken ist übrigens auf der einen Seite mit dem hypnotischen und dem natürlichen

---

*) Siehe eine Arbeit von G. E. Partridg,e, Ueber Träumerei im jugendlichen Alter. Pedagogical Seminary, April 1898.

Schlaf, auf der anderen Seite mit dem Entzücken und der Ekstase (Samadhi der Indier) verwandt.

c) Die Ekstase.

Ueber die Ekstase, von der schon die Rede war, ist hier noch etwas zuzufügen.

Max Simon*) definirt sie als einen Nervenzustand, in welchem die Person bei gleichzeitiger Unbeweglichkeit und während einige Sinnesorgane völlig unthätig, andere überempfindlich sind, dio Ideen, auf welche sie ihre ausschliessliche Aufmerksamkeit gerichtet hat, in hallucinatorischen Bildern gegenständlich werden sieht.

Fig. 36. Dreijähriger Knabe, im diffusen Denken
(Raffael phot. Orvieto).

Die Ekstase, die profane wie die mystische, ist nach Ribot**) charakterisirt durch eine einzige, das ganze Bewusstsein beherrschende und mit grösster Intensität in ihm haftende Idee oder durch ein ebensolches einziges Bild oder auch durch eine ebensolche Idee, welche einer einzigen Gruppe als Kern dient. „Vergleicht man", sagt Ribot, „die normale psychische Thätigkeit mit einem circulirenden Capital . . ., so kann man sagen, dass hier das Capital zu einer Masse aufgehäuft ist: die Diffusion wird zur Concentration, es wirkt nicht extensiv, sondern intensiv." Für Ribot wie für Simon und für alle

---

*) Max Simon, Le monde des rêves. Paris 1888.
**) Ribot, Les maladies de la volonté. Paris 1895, Cap. V.

welche die Ekstase als verwandt mit dem Hypnotismus *) ansehen, wäre sie also ein intellektueller, durch höchste
Concentration des Denkens gekennzeichneter Zustand. Diese
intellectualistische Definition wurde s. Zt. auch von Bouillaud
und der Mehrzahl der Aerzte vertheidigt.

Die Ekstase tritt, wie Mystiker und Psychopathologen
lehren, in verschiedener Stärke auf. Sie kann mit Bewegungsautomatismen einhergehen, wie bei Luise Lateau, oder mit
völliger Unbeweglichkeit des Körpers, wie bei den Verzückungen
der hl. Therese. Aber das interessirt uns hier weniger; wir
wollen uns nur fragen, ob die Auffassung von Simon und
Ribot richtig und eindeutig ist. Ich glaube es nicht; es ist
derselbe Fall wie bei der Träumerei. Auch andere Aerzte
und selbst die christlichen Mystiker und die Askeseschrift-
steller waren anderer Meinung. Georget bezeichnet die
Ekstase als „ein Gefühl hochgradigster und unerwarteter Erregung lebendiger Wonne mit mehr oder weniger vollständiger
Unthätigkeit der äusseren Sinne und der willkürlichen Bewegungen". Es wäre also ein Gefühlszustand.

Jede der beiden Ansichten trifft, wie ich glaube, eine
Seite der Wahrheit.

Die Ekstase bezeichnet meines Erachtens einen Zustand,
zu dem verschiedene Wege führen, das concentrirte wie
das diffuse Denken, und eine fortschreitende Steigerung
des Affekts, wie eine anhaltende und immer inten-
sivere Bethätigung des affektfreien Denkens. Im Cap. I
stellte ich das Schema der beiden psychischen Reihen dar
(siehe Fig. 1), die von demselben Punkte ausgehend und auf
verschiedenen Wegen verlaufend, sich von neuem in einem
Punkte vereinigen. In einer Serie vermindert sich das emotive
Element fortschreitend bis zu dem Punkte, wo das Denken
jeden Affekt verliert; in der anderen ist das umgekehrte der
Fall; von den gewöhnlichen Zuständen, in denen die affektiven

---

*) Diese Analogie wird von Vielen behauptet. Cfr. die Revue philo-
sophique an vielen Stellen und eine neuere Arbeit von James H. Leuba:
On the Psychology of a Group of Christian Mystics, in Psychological Review, März 1903.

und intellectuellen Elemente sich die Balance halten, geht es
zur reinen Emotion, in der jedes gedankliche Element ge-
schwunden ist. Wie ich sagte, können wir uns vorstellen,
dass an der Vereinigungsstelle dieser beiden Serien die Ekstase
sich findet.

Das ist also der Grund, warum diese von den Einen, besonders den Christen, mittelst des affektiven Criteriums der
Lust, der Liebe, definirt wurde, von den Anderen, besonders
den Indiern, mittelst des intellectuellen, des Monideismus.
Ich meine, dass, wenn auch die Definition zuweilen von dem
Temperament des Definirenden abhängig ist, sie häufiger von
dem verschiedenen Gesichtspunkte abhängt, von dem aus die
Ekstase betrachtet wird, oder von der Betrachtung der einen
oder der anderen Serie. Im mystischen Bereich angelangt, ist
die Intelligenz sozusagen ertötet; das Gemüth liegt in schmach-
tender Liebestrunkenheit; es denkt nicht, es reflektirt nicht
mehr; es liebt und ruht selbstvergessen in der Vereinigung
mit Gott. So wusste es der sanfte Fénélon zu erklären, als
er von den mystischen Theorien der exaltirten Frau Guyon
sprach.

Andere hingegen werden mit einigen Philosophen sagen,
dass der menschliche Geist, wenn er an seinem höchsten Ziel
angelangt ist, sich mit seinem Object oder dem Absoluten vereinigt, — das ist die Synderesis; oder, mit den Buddhisten,
dass er sich in völliger Empfindungslosigkeit, in völligem
Schweigen jeglicher Erregung und Bewegung vernichtet, das
ist das Nirvana. In Wirklichkeit trifft das Eine wie das
Andere zu. Amare videre est.

Da unter pathologischen Verhältnissen, und hier häufig,
der Ekstase analoge subjective Zustände eintreten können, ein
glücklicher Wahn, wie die hl. Therese das dritte Stadium
des Betens nennt, so erklärt es sich, warum viele Psychiater
ohne Weiteres die Ekstase für eine krankhafte Geistesverfass-
ung halten. Die heilige Ekstase, die künstliche Ekstase der
Indier unterscheiden sich zwar von der pathologischen nur
durch die Art der Entstehung, aber dieser Unterschied ist von
nicht geringer Bedeutung.

Bei den mannigfachen Graden der Ekstase, sowohl der

9*

mystischen wie der pathologischen und auch in den sie vor-
bereitenden psychologischen Zuständen, kann die Mimik sehr
verschieden sein. Abgesehen von den Bewegungsautomatismen,
Krämpfen, Spannungserscheinungen und Hallucinationen, welche
zuweilen die eine oder andere Form der Ekstase, wenigstens
in den niederen Graden, begleiten können, die aber sicherlich nicht die Ekstase selbst bilden, kann man bei Ekstatischen
bald einen asthenischen Ausdruck, Erschlaffung der Körper-
und Gesichtsmuskulatur beobachten, analog dem des Schlafs
oder der Ohnmacht, wie bei der berühmten hl. Therese von
Bernini in Sct. Maria della Vittoria zu Rom; — bald einen
hypersthenischen Ausdruck, geschlossenen Mund, weit ge-
öffnete Augen usw., wie z. B. in mancher modernen Darstellung des hl. Franziscus von Assisi. Ich glaube, dass der asthenische Ausdruck das Vorhandensein einer Lust verräth, ähnlich
derjenigen, welche sich mit einer eben befriedigten Sinnlich-
keit verbindet; während der hypersthenische Ausdruck einem
Wünschen, einer Sehnsucht, einem Gefühl leicht schmerzlicher
Betonung entspricht.

In einem Büchlein finde ich zufällig über eine Ekstatische
aus Caldaro in Tirol*) folgende Bemerkungen: „Sie ist bequem rücklings auf ein Bett gelagert, unbeweglich, die Hände
liegen fest gefaltet auf der Brust, die Augen sind geöffnet und
starr nach oben gerichtet, ohne Lidschlag, wie bei Jemand,
der in Gedanken versunken die höchste Vision betrachtet. Die
Fliegen schwirren oft vorüber und setzen sich auf das unbe-
deckte Auge, das die Berührung nicht zu fühlen scheint . . .,
sie hat eine Zunge und spricht nicht, sie hat Leben und fühlt
nicht, sie lebt ein geistiges Leben, das immerwährend von
Ekstase und Contemplation erfüllt ist, die sich auch in der
Haltung und im Antlitz der Person deutlich wiederspiegeln."

Sehr häufig bemerkt man bei der Ekstase einen gewissen
Grad von Spannung an den Muskeln des ganzen Körpers,
nicht bloss an denen des Gesichts. Diese Starrheit zeigt sich
auch bei den verschiedenen, von den Ekstatischen ausgeführten

---

*) Die Ekstatische aus Caldaro in Tirol, Nr. 1, Vol. VI des „Catto-
lico" von 1839. Perugia, Gio. Balducci, 1840.

Bewegungen; sie gleichen dem Losfahren einer Sprungfeder und werden von den Hagiographen als rasch und unvermuthet bezeichnet, als wären sie von einer unsichtbaren Hand in dem unbeweglichen und bewusstlosen Körper ausgelöst.

Damit soll nicht gesagt sein, dass zur ekstatischen Mimik die Contracturen der Glieder und des Rumpfes, der Kreisbogen, der Krampfzustand und andere Phänomene der Hysterie gehören. Die Scenen bacchantischer Begeisterung, manche Zustände der dionysischen Orgien, die prophetischen Delirien, die dämonistischen Wuthanfälle, die man in einigen antiken Kunstwerken dargestellt sieht, ebenso die Besessenen in den Bildern von Raffael, Rubens, Andreas del Sarto, Domenichino u. s. w. können keineswegs als Beispiele des ekstatischen Ausdrucks gelten.

Ein Phänomen beherrscht alle Formen der Ekstase; das ist die Unbeweglichkeit des Körpers und des Gesichts. Unbeweglich ist der chaldäische Magier, der egyptische Priester, der indische Adept, der Theosoph, der christliche Heilige, der Klosternovize, der Asket aller Zeiten.

Bei dem höchsten Grade der Contemplation findet sogar die Suspension statt, wie Hiob es nennt, das Schweigen nach dem hl. Johannes, der Schlaf nach dem mehr physiologischen Ausdruck Salomons. Ist die innere Unbeweglichkeit nicht das Zeichen der Selbstvernichtung der arabischen Mystiker, des Nirvanas, das Buddha erreichte, als er bei Benares sich der höchsten Ruhe der Seele hingab, in welcher er keinen Wunsch, keinen Impuls mehr verspürte? ein Zeichen der Synderesis, der mystischen Identificirung des menschlichen Geistes mit dem Absoluten (Sct. Bonaventura)? In den Biographien der Heiligen, wie in den Erzählungen der Seher und der Ekstatiker unserer Zeiten finden sich immer dieselben Beobachtungen, wo es sich um die Beschreibung des Raptus, der Ekstase oder des Prophetismus handelt.

Die Unbeweglichkeit ist übrigens das hervorstechendste Merkmal des Mystikers (Récéjac, Murisier, Leuba etc.). Meister Eckhardt versichert, dass er Jedem, der ihn fragte, welches das Ziel des Schöpfers bei der Erschaffung der Welt gewesen, zur Antwort gab: die Ruhe. Die Asketen lehren, dass wir wirken nicht „per modum motus sed per modum quietis et quasi non operationis et silentii." *)

_____

*) Der Mysticismus ist, ebensowenig wie der Positivismus, eine Doktrin oder eine Moral. Er ist eine aus einem besonderen Temperament heraus angewandte Methode. Der Mystiker ist subjectiv, der Positivist ist objectiv. Porphyrius drückte dies mit folgenden Worten klar aus: Der höchste Akt des Erkennens ist die Rückkehr der Seele zu sich selbst, die Trennung vom Wahrnehmbaren.

Der Mystiker missachtet die Erkenntniss sinnlichen Ursprungs und schenkt sein Vertrauen der inneren Erkenntniss, wie ich schon vor einigen Jahren schrieb (S. de Sanctis, Ein Seher, Bull. della Soc. Lancisiana zu Rom, Jahrg. XIX, Heft 1, Rom 1899). Ich stehe also der Ansicht nahe, die Ant. Renda über den Mysticismus ausgesprochen hat (cfr. Das mystische Denken, Sandron, Palermo 1901). „Im Inneren gesammelt, fest und beständig in ihrer Lebensführung, erreichen diese Weisen das Unvergleichliche, das Nirvana, das höchste Glück." Dasselbe liest man in den Fragmenten von Dhammapada und Suttanipata (cfr. A. Costa, Buddha, Turin 1903).

Der hl. Bernardus sagt in seinem Werk: De Consideratione, zum Pabst Eugenius: „non totum te nec semper dare actioni, sed considerationi aliquid tui et cordis et temporis sequestrare." Es war dies nur eine einfache Ermahnung, aber in der Absicht des hl. Bernardus, wie anderer Mystiker lag es, die Meditation in Gegensatz zur Aktion zu bringen, die Thätigen zur Beschaulichkeit anzuhalten. Es folgt daraus, dass Mysticismus und Wissenschaft nichts mit einander gemein haben können; wo diese aufhört, beginnt jener. Die Wissenschaft kann nicht beanspruchen den Mysticismus zu beseitigen, sie muss sich damit begnügen, ihn von ihrem Gebiet auszuschliessen. Und das ist ihre Pflicht. Denn die Wissenschaft hat für sich die Vernunft und die Dialektik, der Mysticismus das Gefühl und den Symbolismus. Es besteht ein vollständiger Gegensatz. — Treffend sagt Récéjac (Essai sur les fondements de la Connaissance mystique, Paris 1897), eine Pascal'sche Idee wieder aufnehmend, dass die Liebe über die Intelligenz siegt, und die ersten Grundsätze, welche sich vor der Dialektik flüchten, erscheinen im Herzen als Symbole. Kann man behaupten, dass der Mysticismus eine Form von Irrsinn oder Entartung ist, wie ihn heute Viele, mit Max Nordau, bezeichnen? Ich glaube es nicht, wenigstens wenn man nicht den Begriff der Krankheit ganz willkürlich ausdehnen will. Es giebt geisteskranke Mystiker, aber wer möchte z. B. den hl. Bonaventura vergleichen mit Antonius Konsulheiro, den hl. Johannes vom Kreuze mit David Lazaretti?

Der kurzsichtige Standpunkt mancher Psychopathologen hat kürzlich eine zutreffende und autoritative Kritik gefunden in einigen Arbeiten von W. James, The varieties of religious experience; a study in human nature. London 1902. Wenn der Mystiker nun auch kein Geisteskranker ist, so

Der Mystiker ist contemplativ und die Contemplation bedingt die Unbeweglichkeit der Organe; der Nicht-Mystiker ist
ein handelnder, arbeitsamer Mensch, in dessen Organen sich
Kraft entfaltet. Hier die That, dort die Beschaulichkeit. Ueber-
tragen wir das in die Massenpsychologie. Die Völker, bei
denen der Mysticismus herrscht, sind die unbeweglichen, die
andern die activen, fortschrittlichen. Emerson definiert in
seinem „Essay über Plato" den Unterschied zwischen dem
Geist des Ostens und dem des Westens folgendermaßen:
„Das Land der Einheit, der unveränderlichen Institutionen, der
Sitz einer an Abstractionen sich ergötzenden Philosophie, das
Vaterland von Menschen, die in Theorie und Praxis an ein
stummes, unerbittliches, unabwendbares Schicksal glauben, das
ist Asien, und dieser sein Glaube bekundet sich in der gesell-
schaftlichen Einrichtung der Kasten. Der Geist Europas dagegen ist thätig und schöpferisch . . . ."

Fouillée sagte treffend von dem Durchschnittscharakter
des italienischen Volkes, dass ihm die Neigung zur Contemplation der sichtbaren Welt, die Liebe zu dem Wirklichen angeboren ist. Der Italiener, bemerkt Fouillée, ist von Grund
aus Realist; er will, dass die Idee eine sichtbare Form, das
Relief und die festen Conturen des Wirklichen gewinnt.
Die ganze Geschichte unserer ruhmreichen Kunst bestätigt die
Richtigkeit dieses Ausspruchs. Aber schon früher als Fouillée
hatte Goethe den Charakter der Nachkommen der Römer
erfasst, als er in Deutschland schrieb, dass man in Rom den
Vollbesitz des Gefühls der Wirklichkeit empfindet.

---

ist er sicherlich ein „Charakterisirter" im Sinne von S. Venturi
(siehe seine Schrift Mostruosità dello spirito, Treves, Mailand 899), d. h.
ein Individuum, welches beim Suchen nach Wahrheit und Glück einen un-
gewöhnlichen Weg einschlägt und sich dadurch von dem Durchschnitts-
typus der Menschen entfernt. Relativ ist er anormal, vielleicht in seinem
Empfindungsleben verirrt, im Bereich der intellectuellen Gefühle pervers,
wie Ribot anzunehmen scheint (Psychologie des sentiments), aber kein Geisteskranker.

Capitel VII.

Die Modificationen der Denkmimik.

a) Rasse, Geschlecht, Gewohnheiten, Alter.

Es ist zweifelhaft, ob die Mimik des Denkens bei den verschiedenen Menschenrassen qualitative Unterschiede aufweist; wenigstens besitzen wir darüber keine sicheren Beobachtungen.

Darwin veranstaltete eine Umfrage, die das Material für eine genaue Kenntniss der ethnischen Mimik hätte liefern können; aber die Ergebnisse waren sehr spärlich. Mantegazza widmete dem Gegenstand ein ganzes Capitel (das XVIII.) seines Werkes, aber wie gewöhnlich, betreffen seine Beobachtungen fast nur die Mimik der Gemüthsbewegungen, nicht die der Aufmerksamkeit und des Denkens.

Es scheint, dass die Neger eine sehr bewegliche Physiognomie besitzen. Dasselbe wird von uns Italienern behauptet. Die eingeborenen Stämme von Argentinien haben nach Mantegazza den lebhaftesten Gesichtsausdruck von allen uncultivirten Völkern. Uebrigens ist die Annahme natürlich, dass die ethnischen Einflüsse auf die Mimik sich in andere Elemente auflösen, wie Intelligenz, Cultur, Charakter, Sensibilität, Ernährungsweise, Nachahmung, Tradition etc. Beispielsweise ist das atonische, fast schläfrige Antlitz einiger orientalischer Völker bekannt. Hyrtl sagt darüber in seiner topographischen Anatomie: die ausdruckslose Miene der orientalischen Frauen kommt von der Einförmigkeit ihres Lebens und der daraus folgenden Gedankenarmuth, sowie von der Art sich zu kleiden.

Einen erheblichen Einfluss auf die Mimik des Denkens üben nach meiner Erfahrung die Lebensgewohnheiten aus. Ich bemerkte bereits, wie sehr arm der attentive Ausdruck bei Leuten ist, die nicht an Thätigkeiten gewöhnt sind, welche eine feine Beobachtung aus der Nähe erfordern, also bei Landleuten und bei vielen Analphabeten. Sehr deutlich dagegen und weniger veränderlich ist er bei Personen, die Kopf, Rumpf und besonders die Augen auf nahe Gegenstände zu richten und lange in solcher Stellung zu verharren pflegen. Bei solchen weisen auch die permanenten frühzeitigen Falten auf bestimmte mimische Gewohnheiten des Gesichts und dies stimmt mit dem völlig überein, was ich und Andere über die Falten der Denker und Hallucinanten (Féré) gesagt haben.

Mantegazza bemerkt, dass bei Frauen die Mimik an intellectuellen Momenten sehr arm ist, reich dagegen an Gemüthsäusserungen, und in diesem Punkte derjenigen der Kinder ähnelt. Meine Erfahrung bestätigt zwar nicht die erste dieser Behauptungen, was vielleicht an der geringen Zahl der Beobachtungen liegt, stimmt aber mit der zweiten völlig überein, wie sich aus Capitel IV beim Einfluss des Alters auf die Mimik des Denkens ergeben hat.

b) Krankheit und Degeneration.
1. Krankheiten infolge Läsion des Nervus facialis.

Alle Veränderungen, welche bei der Denkmimik vorkommen können, sind in letzter Linie auf organische oder functionelle, angeborene oder erworbene Störungen ihrer muskulären oder nervösen Organe zurückzuführen. Es ist nach den Darlegungen in Cap. II leicht ersichtlich, wie jede Schädigung, sei es der mimischen Gesichtsmuskeln oder des Nervus facialis, an seinen peripheren Aesten oder in seinem Verlauf im Schädel, an seinen Wurzeln in der Brücke oder in deren Vereinigungen oberhalb der Kerne im Gehirn, eine Abweichung in der Mimik, eine Hypomimie oder hyperkinetische Paramimie, wie man in der neurologischen Sprache sagen würde, erzeugen kann.

Eine ausdruckslose Miene z. B. kann sowohl durch eine Störung des Gesichtsmuskelnervs an irgend einer Stelle, als auch durch eine Muskelschwäche, infolge örtlicher, ganz ausserhalb des Nervensystems gelegener Ursachen bedingt sein, wie, um einen Fall anzuführen, durch ein ausserordentlich reiches Fettlager unter der Haut (Hyrtl). Vom Standpunkt meiner Auffassung über den Einfluss des Thalamus auf die Mimik muss man auch annehmen, dass Veränderungen im letzteren, wenigstens zeitweilig, die Mimik des Denkens unvollkommen und schwierig gestalten können.

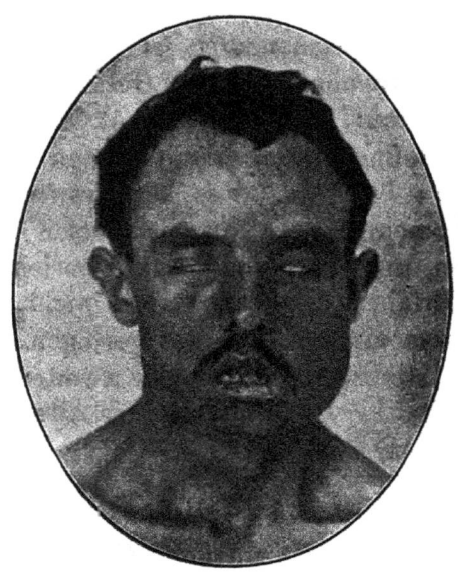

Fig. 37. Gesichtsausdruck bei Diplegia facialis.

Bei manchen Krankheiten, wie den Facialislähmungen und den gewöhnlichen Apoplexien, ergreift die Hypomimie nur eine Seite des Gesichts; manchmal ist sie doppelseitig, wie bei der Facialisdiplegie, und dann wird das Gesicht ganz ausdruckslos. Eine Krankheit zeigt uns besser als jede andere, besser noch als selbst die Kernläsionen des Nervus facialis (die echte Bulbärparalyse) ein einwandfreies Beispiel von totaler Hypomimie: das ist die Pseudobulbärparalyse.

Das Gesicht der Kranken erscheint schlaff und unbeweglich wie eine Maske, die Stirn ist glatt, die Nasen-Lippenfalten verstrichen, der Mund klafft. Und doch werden diese Kran-

ken leicht von ununterdrückbaren Lach- oder Weinanfällen ergriffen!

Es würde über den Rahmen dieses Buches hinausgehen,
wenn ich hier die verschiedenen Erkrankungen, Verletzungen,
Entzündungen, Geschwülste, Blutungs- und Erweichungsherde,
Degenerationen, Entwicklungshemmungen u. s. w. aufzählen
wollte, welche in diesem oder jenem Theil des peripheren oder

Fig. 38. Ausdrucksloses Gesicht bei Pseudobulbärparalyse (nach Déjérine).

centralen Nervensystems auftreten und Störungen der Mimik
erzeugen können (krampfartige Schwäche der Gesichtsmuskeln,
Lähmung, Parkinson'sche Maske etc.). Jedoch möchte
ich nicht unterlassen, auf die Ursachen jener mimischen
Asymmetrien hinzuweisen, welche nicht unter die physiologischen, von denen schon gesprochen wurde, eingereiht werden
können. Es giebt Ausdrucksasymmetrien, Hemimimien, mimische
Dissociationen, welche durch Läsionen im Gehörorgan entstanden sind, die sich auf den im Canalis Fallopii ver-

laufenden Theil des Nervus facialis fortgepflanzt haben*); und es giebt andere, welche auf einseitiger Entwicklungsstörung des Gehirns beruhen und daher ein Entartungszeichen darstellen.

Der Degenerirte ist, nach der Magnan'schen Schule, überhaupt ein asymmetrischer, disharmonischer Mensch, ein déséquilibré, bei dem es an der Synergie der Nervencentren und an der zweckmäßigen Anpassung fehlt. Diese Asymmetrien bilden die Steigerung der physiologischen Asymmetrien, auf die ich hingewiesen habe, und kommen ziemlich häufig bei Epileptikern und Schwachsinnigen vor; aber man darf sie nicht verwechseln mit den ersteren, häufigeren, jedoch oft verkannten, die nur von einer Läsion im Ohr abhängen.

Es giebt noch eine andere Art von mimischer Asymmetrie, die nur bei erworbener einseitiger Taubheit beobachtet wird. Hier liegt jedoch die Ursache der Asymmetrie nicht immer in der Veränderung der Nervenäste des Nervus facialis, sondern ist eher in der durch einseitigen Mangel des Gehörs bedingten Nothwendigkeit neuer Sinnesanpassungen zu suchen. Man hat an Hunden mit künstlicher Verstopfung des einen Gehörgangs Experimente gemacht und dabei beobachtet, dass sich auf dieser Seite allmählich die Bewegungen der Ohrmuscheln änderten, die bei Hunden während des Aufmerkens auftreten (Thätigkeit der mimischen Ohrzone).

2. Neuro-psychastheniker.

Bei dieser so heterogenen Gruppe von Kranken, in der wir Neurastheniker und Psychastheniker zusammenzufassen

---

*) Cfr. Bézy, Paralysie faciale chez l'enfant, Presse médicale, Paris 1895; V. Cozzolino. La chirurgia del Canale di Falloppio nelle paralisi faciali otitiche, Archivio ital. di otologia. Vol. V, 1897; C. Pautet, La mimique faciale; de l'hémi—mimie faciale d'origine otique. Paris 1900; M. Lannois et G. Pautet, De l'asymmetrie de la mimique faciale d'origine otique en pathologie nerveuse, Revue de Médecine Nr. 2, 1902. Möbius lenkte die Aufmerksamkeit auf die sogenannte Paralysis oculofrontalis infantilis, die oft angeboren ist. Münch. med. Wochenschrift 1892.

pflegen, sind Anomalien der Denkmimik sehr gewöhnlich. Besonders häufig kommen vor die abnormen mimischen Irradiationen des Gesichts, des Rumpfes und der Glieder. Man kann sie als Tics betrachten; sie treten bei innerer Aufmerksamkeit nicht weniger auf als bei der sensorischen. Ihre Aufzählung würde zu weit führen und zu sehr ermüden.

Napoleon I. hatte bei angestrengter geistiger Arbeit einen eigentümlichen Tic, den er immer beibehielt; er zog fortwährend ganz schnell die rechte Schulter in die Höhe, so dass Personen, die ihn nicht kannten, diese Geste als Zeichen von Unzufriedenheit oder Missbilligung ansahen.

Bei einem psychasthenischen Mädchen habe ich eine ganz ähnliche Geste beobachtet. Das Hinaufziehen der linken Schulter begann wenige Minuten nachdem sie sich an irgend eine Lectüre gemacht oder still für sich zu beten angefangen hatte. Die Bewegung wurde bald stärker, bald schwächer, bald rhythmisch, bald wiederholte sie sich 3 bis 4 mal ganz schnell und dann folgte eine längere Pause. Hier handelte es sich wahrscheinlich um eine krankhafte Irradiation der Mimik; aber es ist schwer das zu entscheiden.

Seltener und daher von grösserem Interesse sind jene mimischen Alterationen der Neurastheniker, die auf eine Schwäche in der Thätigkeit des mimischen attentiven Centrums, auf eine abnorme Ermüdbarkeit der Augenmuskeln (accommodative Asthenopie) und des Sehorgans selbst (Asthenopia retinica) hinweist. Die Erschöpfbarkeit des letzteren tritt manchmal auch [unabhängig von jeder optischen Ueberanstrengung auf und verräth sich gerade durch verschiedene Anomalien der attentiven Mimik.

Eine sehr sonderbare Alteration der Aufmerksamkeitsmimik beobachtete ich kürzlich bei einem Neurastheniker, den ich lange in Behandlung hatte. Dieser, ein intelligenter junger Mann, aber Sohn einer epileptischen Mutter und von Jugend auf neurasthenisch, bot niemals merkliche Störungen im Stoffwechsel, noch die charakteristische Muskelschwäche der gewöhnlichen Neurastheniker. Es handelte sich um psychasthenische Symptome; er klagte nur manchmal über das Gefühl, als hätte er einen Helm auf dem Kopfe, und über Denkerschwerung. Als ich ihn eben über diese letzte Erscheinung befragte, erzählte er mir, dass er von einem Unvermögen zu geistiger Thätigkeit (Lectüre, Rechnen, Uebersetzungen) befallen werde, weil er schon nach wenigen Minuten Ziehen im Nacken und Steifheit in den hinteren Halsmuskeln verspüre, er müsse deswegen beim Sitzen eine so ungeschickte Stellung einnehmen, dass er sich dessen schäme. Es war kein eigentlicher Schmerz, sondern ein leichter Krampf, der ihm die Bewegung des Kopfes erschwerte. Kopfschmerz war damit nicht verbunden, auch kein Ermüdungsgefühl in den Augen oder an der Stirn; die Störung war ganz isolirt, so dass er mir schliesslich sagte: „Vielleicht denke ich gar mit den Muskeln statt mit dem Gehirn?"

Ich habe das Phänomen bei anderen Neurasthenikern gesucht, aber bei keinem so typisch wiedergefunden. Gleichwohl scheint mir die bei Neurasthenikern so gewöhnliche Thatsache beachtenswerth, dass sie als Zeichen geistiger Müdigkeit ein unangenehmes Gefühl, Ziehen oder Schwere im Hinterkopf und Nacken angeben.

Münsterberg*), und vor ihm andere Psychologen, legten besonderes Gewicht auf die mehr oder weniger schmerzhaften Sensationen, die nach intensivem Aufmerken und Nachdenken am Hinterkopf auftraten. Diese dürften ein Argument sein, das zu Gunsten der muskulären Natur der Aufmerksamkeit spricht; sie lassen sich in der That nicht wie die gewöhnlichen Muskelanpassungen der Sinnesorgane erklären. Jedenfalls ist es wahrscheinlich, dass bei der Aufmerksamkeit die hinteren Hals- und Schultermuskeln nicht unthätig bleiben. Bei unserem Neurastheniker wäre also eine Steigerung eines normalen Vorgangs anzunehmen, aber eine so erhebliche Steigerung, dass daraus eine Anomalie der attentiven Mimik erwuchs, die Beugung des Kopfes nach hinten infolge der Steifheit des Nackens, gewissermaassen eine Art Verschiebung dieser Mimik vom

---

*) Münsterberg, Beiträge zur experimentellen Psychologie. Heft 1, Seite 73—106, 1889.

Gesicht nach dem Hals oder vielleicht vom Stirnmuskel zu den Halsmuskeln.

Merkwürdigerweise habe ich eine derartige Aenderung der attentiven Mimik ziemlich oft bei Blinden angetroffen. Bei einigen solchen vermisste ich nämlich während der Bethätigung der inneren und der acustischen Aufmerksamkeit die Action des Centrums der attentiven Mimik. Während indess ihre Stirn glatt und das Gesicht ausdruckslos war, zeigten sie einen steifen Nacken, wodurch der Kopf ganz unbeweglich, aufgerichtet oder leicht nach hinten gebeugt war.

3. Blinde.

Die Blinden erfordern eine eingehendere Studie. Im Jahre 1879 machte Birch-Hirschfeld*) zahlreiche Beobachtungen hierüber. Er unterschied bezüglich der intellectuellen Mimik zwei Klassen: diejenigen, welche das Sehvermögen nach der Geburt verloren hatten oder nicht völlig erblindet sind, und die Blindgeborenen. Die ersteren sollen zu mimischen Bewegungen fähig sein wie Gesunde, die letzteren hingegen gar keine Contraction des Orbicularis, des Frontalis oder Supraciliaris zeigen. Dies beweist nach genanntem Autor, dass der „Ursprung und das Wesen der Ausdrucksbewegungen von dem gegenseitigen Verhältniss abhängen, das zwischen dem Seelenleben und der Sinnesthätigkeit existirt, und die Uebertragung durch Vererbung spielt dabei eine viel geringere Rolle als Darwin glaubt".

Die Schlussfolgerung, welche Birch-Hirschfeld zog, schien mir von so grosser Bedeutung für die Lehre von der Entstehung der Denkmimik, dass ich die Thatsachen, welche zu ihr geführt, möglichst eingehend zu prüfen suchte. Ich machte zu diesem Zweck systematische Beobachtungen und Untersuchungen an einigen Blinden männlichen Geschlechts im Institut des hl. Alexius auf dem Aventin zu Rom.

Im Folgenden sind dieselben zusammengefasst:

---

*) Citirt nach Piderit, op. cit. Cap. 1.

<table>
<tr><td colspan="3" align="center">Spontane Aufmerksamkeits-</td></tr>
<tr><th>Beobachtung</th><th>Lautes Tastlesen</th><th>Stilles Tastlesen</th></tr>
<tr>
<td>1. Falletti, L., 19 Jahre, blind geboren; kann aber hell und dunkel unterscheiden. Keine Stirnfalten.</td>
<td>Kopf wird leicht gesenkt gehalten und pendelt von rechts nach links, aber nicht rhythmisch. Leichte Contractionen in den Musculi frontales, sehr leichte und flüchtige in den superciliares.</td>
<td>Weniger deutliche mimische Bewegungen. Bei dem attentiven Bemühen ein fremdsprachliches Wort zu lesen, schnelle Contractionen der seitlichen Bündel der Musc. frontales.</td>
</tr>
<tr>
<td>2. Teodori, Aug., 17 Jahre, viele Anomalien am Schädel (Thurmschädel); jedoch sehr intelligent. Blindgeboren. Drei seichte und unvollständige horizontale Stirnfalten, keine vertikale.</td>
<td>Nystagmusartige Bewegungen der Augäpfel. Flüchtige Contractionen, gleichsam sehr oberflächliche und ganz schnelle Stösse in den Frontal- und Superciliarmuskeln.</td>
<td>Sämtliche mimischen Bewegungen sind sehr viel seltener als beim lauten Lesen.</td>
</tr>
<tr>
<td>3. Romantini, Ferd., 15 Jahre. Mangelhafte physische und psychische Entwicklung. Zahlreiche Degenerationszeichen. Blind geboren. Unterscheidet nicht hell und dunkel. Stirn gewöhnlich kontrahirt; jedoch sind nur Querfalten vorhanden. Kopf gewöhnlich gesenkt.</td>
<td>Beim Lesen glättet sich die Stirn, der Kopf wird immer ein wenig gesenkt gehalten; einzelne erratische Stösse in den Bündeln der Frontales, besonders des linken; einige Bewegungen an dem linken Augenlid.</td>
<td>Erheblichere Unbeweglichkeit in der Antlitzmuskulatur.</td>
</tr>
<tr>
<td>4. Mari, Emil, 10 Jahre alt. Seit dem ersten Lebensmonat blind. Sehr intelligent.</td>
<td>Bewegungen der Augäpfel nach allen Richtungen. Lebhafte, aber flüchtige Muskelstösse im Bereich des mimischen Aufmerksamkeitscentrums.</td>
<td>Sehr wenige mimische Bewegungen. Der Kopf wird nach oben gerichtet gehalten und ist unbeweglich.</td>
</tr>
</table>

mimik	Provocirte Aufmerksamkeitsmimik		
	Action des Musc.		
Kopfrechnen	frontalis	orbicularis	superciliaris
Unbeweglichkeit in der Antlitzmuskulatur; Contractionen der Nackenmuskeln.	Schwierig, aber auf wiederholte mündliche Aufforderung möglich.	Schwierig, aber möglich.	Auf jede Weise unmöglich.
Unbeweglichkeit in der Antlitzmuskulatur. Der Kopf wird leicht gesenkt gehalten.	Etwas schwierig auf mündliche Aufforderung, aber nachher geht sie sehr leicht von statten; es bilden sich sehr zahlreiche Querfalten. Das Individuum verräth bei der Ausführung dieser Bewegungen lebhafte Freude.	Dieselbe Schwierigkeit wie beim Frontalis, aber nachher geht es ziemlich gut.	Auf jede Weise unmöglich.
Wegen zu geringer Intelligenz ist die Untersuchung nicht ausführbar.	Ziemlich leicht.	Nur mit Schwierigkeit möglich.	Auf jede Weise unmöglich.
Fast absolute Unbeweglichkeit in der Antlitzmuskulatur.	Sehr schwierig.	Sehr schwierig.	Auf jede Weise unmöglich.

Spontane Aufmerksamkeits-

Beobachtung	Lautes Tastlesen	Stilles Tastlesen
5. Camilloni, G., 17 Jahre. Blind seit dem 3. Monate. Unterscheidet hell und dunkel. Intelligenz sehr entwickelt. Hat ganz wenige kleine unvollständige Stirnquerfalten, keine vertikalen.	Nystagmusartige Bewegungen der Augäpfel; oberflächliche, sehr rapide Contractionen der Frontales, orbiculares palpebrar. inferior., der Pyramidales nasi; seltenere und noch flüchtigere an den Superciliares.	Dieselben Bewegungen an den Augäpfeln. Die Contractionen an den mimischen Muskeln sind sehr viel seltener als beim lauten Lesen. Neigung zur Unbeweglichkeit in der Antlitz- und Nackenmuskulatur.
6. Castaldi, Giov., 14 Jahre, Blind seit dem 9. Lebensmonat. Unterscheidet hell und dunkel. Intelligent. Keine Stirnfalten.	Einzelne Muskelstösse an den Frontales, besonders links. Die Superciliares unbeweglich.	Einzelne Muskelstösse im linken Frontalis.
7. Fuschi, Natale, 11 Jahr. Blind seit dem 1. Lebensjahr. Unterscheidet nicht hell und dunkel. Hat keine Stirnfalten.	Starke Muskelstösse in allen drei Muskeln des mimischen Centrums. Langsame Bewegungen der Augäpfel nach allen Richtungen.	Unbeweglichkeit in der Muskulatur des Gesichts, nur vereinzelte Bewegungen der Augäpfel.
8. Pignotti, Emidio, 12 Jahre alt. Blind seit dem 13. Lebensmonat. Unterscheidet nicht hell und dunkel. Hat Degenerationszeichen, geringe Intelligenz, aber guten Willen zu lernen; sehr gelehrig. Keine Stirnfalten.	Der Kopf wird unbeweglich gehalten. Vereinzelte flüchtige Contractionen an den Muskeln des mimischen Centrums, vereinzelte Bewegung an den Augäpfeln.	Unbeweglichkeit.

mimik	Provocirte Aufmerksamkeitsmimik		
Kopfrechnen	Action des Musc.		
	frontalis	orbicularis	superciliaris
Die Unbeweglichkeit ist noch accentuirter.	Schwierig auf mündliche Aufforderung; leicht wenn man das Individuum mit den eigenen Händen die v. Beobachter künstlich hervorgebrachten Stirnfalten berühren lässt (nachgeahmte Runzelung).	Leichter als die des Frontalis (wiederholte mündliche Aufforderung.)	Unmöglich b. mündlicher Aufforderung, selbst bei wiederholter und nach Belehrung. Durch die Methode der künstlichen nachahmenden Runzelung, auf den Frontalis angewandt, erhält man einige leichte, flüchtige u. partielle Contractionen
Seltenere Muskelstösse; Neigung zu Unbeweglichkeit des Kopfes und der Antlitzmuskulatur.	Schwierig, aber möglich. Seine Action ist stets mit der des Orbicularis associiirt.	Schwierig, aber möglich. Seine Action ist stets mit der des Frontalis associirt.	Sehr schwierig, aber möglich. Seine Action ist aber stets mit der der anderen Muskeln des mimischen Centrums verknüpft.
Absolute Unbeweglichkeit des Kopfes und der Muskulatur des Gesichts. Auch die Bewegungen der Augäpfel spärlich.	Ziemlich leicht.	Ziemlich leicht.	Sehr schwierig und immer mit d. Action der beiden anderen Muskeln associirt.
Unbeweglichkeit.	Geschieht ohne zu grosse Schwierigkeit.	Geschieht ohne zu grosse Schwierigkeit.	Sehr schwierig und wenn sie eintritt, ist sie nie isolirt.

Spontane Aufmerksamkeits-

Beobachtung	Lautes Tastlesen	Stilles Tastlesen
9. Gatti, Giov. 16 Jahre alt. Blind seit dem 2. Lebensjahr. Hat quere Stirnfalten.	Der Kopf wird mehr aufgerichtet gehalten. Contraction der Muskeln des Nackens (deutliche Steifheit). Sehr spärliche mimische Bewegungen des Gesichts. Nur einige leichte und sehr schnelle Contraction an den Frontales und Superciliares.	Unbeweglichkeit d. Kopfes und der Muskulatur des Gesichts.
10. Moretti, Adel. 19 Jahre alt. Blind seit dem 2. Lebensjahr. Unterscheidet hell und dunkel. Hat einige unvollständige quere Stirnfalten.	Nystagmusartige Bewegungen der Augäpfel, aber keineswegs rhythmische. Lebhafte Action der seitlichen Bündel der Frontales, Erhebung der äusseren Winkel der Augenbrauen, schnelle und ziemlich accentuirte Bewegungen an den Muskeln der Nase, am Frontalis und Superciliaris.	Alle mimischen Bewegungen sind viel weniger deutlich als beim lauten Lesen.
11. Roveri, Cesare. 11 Jahre alt. Blind seit der Mitte des 3. Lebensjahres. Sehr intelligent.	Continuirliche Bewegungen mit den Augenlidern. Seltene schnelle Muskelstösse in den Frontales und Superciliares.	Unbeweglichkeit in der Muskulatur des Gesichts.
12. Federici, Biagio. 10 Jahre alt. Blind seit dem 4. Lebensjahre infolge einer Schussverletzung. Intelligent; träumt nie. Keine Stirnfalten.	Muskelstösse in allen drei Muskeln des mimischen Centrums, besonders in den Orbiculares.	Ein echtes geistiges Lesen kann nicht erzielt werden; es ist mehr ein aphonisches Lesen. Muskelstösse von gleicher Frequenz und Stärke.

mimik	Provocirte Aufmerksamkeitsmimik		
	Action des Musc.		
Kopfrechnen	frontalis	orbicularis	superciliaris
Unbeweglichkeit des Kopfes und der Muskulatur des Gesichts.	Schwierig, aber ausreichend.	Schwierig, aber möglich.	Sehr flüchtig und nur mit Hülfe der Methode der nachahmenden Contraction möglich.
Neigung zu Unbeweglichkeit in der Antlitzmuskulatur.	Wird ziemlich leicht erzielt.	Wird ziemlich leicht erzielt; oft verbindet sich damit die Action des Superciliaris.	Die isolirte Contraction ist auf keine Weise möglich; die mit der des Orbicularis associirte geschieht leicht.
Unbeweglichkeit in der Muskulatur des Gesichts.	Schwierig, aber schliesslich ausführbar.	Schwierig, aber möglich; der Superciliaris contrahirt sich gleichzeitig.	Die isolirte Contraction ist sehr schwierig.
Erheblichere Unbeweglichkeit.	Sehr schwierig, aber möglich.	Schwierig, aber möglich.	Gelingt nur ein Male, aber associirt mit derjenigen der beiden anderen Muskeln.

Beobachtung	Lautes Tastlesen	Stilles Tastlesen
13. Mancinelli, Angelo. 8 Jahre alt. Blind seit dem 4. Lebensjahr. Unterscheidet gut hell und dunkel. Macht mit den Augen beständig Anstrengungen, die Gegenstände zu sehen; in der That ist die Blindheit keine vollständige. Während dieser Anstrengungen tritt die Contraction der Superciliares sehr deutlich hervor. Sehr intelligent; von lebhaftem, unruhigem Wesen.	Muskelstösse in allen drei Muskeln des mimischen Centrums. Auch in den anderen mimischen Muskeln, der Nase und des Mundes, finden Bewegungen statt.	Seltenere, oberflächlichere und schnellere Muskelstösse.
14. Piccini, Augusto. 19 Jahre alt. Blind seit dem 11. Lebensjahr. Hat optisches Gedächtniss, optische Träume. Beim Kopfrechnen benutzt er optische Vorstellungen.	Nystagmusartige Bewegungen der Augäpfel und seitliche des Kopfes. Bei der Richtung der Aufmerksamkeit auf das Lesen schwieriger Worte neigt sich der Kopf. Flüchtige, aber sehr deutliche Bewegungen in allen drei Muskeln des mimischen Aufmerksamkeitscentrums.	Sämmtliche mimischen Bewegungen sind viel weniger sichtbar als beim lauten Lesen.

mimik	Provocirte Aufmerksamkeitsmimik		
Kopfrechnen	Action des Musc.		
	frontalis	orbicularis	superciliaris
Der Versuch ist nicht ausführbar, weil der Knabe nicht d. Kopfrechnen versteht.	Ziemlich leicht.	Ziemlich leicht.	Sehr schwierig; schliesslich aber gelingt sie vollkommen und isolirt.
Neigung zu Unbeweglichkeit; d. Kopf wird gesenkt; während des Versuchs ist keine Bewegung an der Stirn zu beobachten.	Ziemlich leicht.	Ziemlich leicht; doch contrahiren sich gleichzeitig d. Superciliaris und der Pyramidalis nasi.	Isolirte Action sehr schwierig. In der Regel associirt sich damit die des Orbicularis und des Pyramidalis nasi.

Fassen wir die sicheren Resultate dieser Beobachtungen kurz zusammen:

1. Die Bewegungen des mimischen attentiven Centrums, welche die Blinden bei spontaner (natürlicher) Aufmerksamkeit zeigen, unterscheiden sich von denen, welche man gewöhnlich bei normalen Personen beobachtet; sie sind flüchtig, kraftlos und nur partiell; die Contraction beschränkt sich häufig auf einige Muskelbündel.

2. Die Bewegungen der Gesichtsmuskulatur, welche Blinde beim Tastlesen mit lauter Stimme haben, sind in der Hauptsache als motorische Begleiterscheinungen des sprachlichen Ausdrucks zu betrachten; sie werden in der That immer und bei Allen während des lautlosen Tastlesens schwächer und schwinden bei der Bethätigung der inneren Aufmerksamkeit (Rechnen).

3. Bei allen Blinden besteht im Zustand der Aufmerksamkeit bald mehr bald weniger vollständige Unbeweglichkeit des Kopfes und der Antlitzmuskulatur.

4. Bei manchem Blinden kommt bei der spontanen Aufmerksamkeit eine Spannung in den hinteren Muskeln des Halses und ein gewisser Grad von Steifheit des Kopfes zum Vorschein.

5. Die Unterschiede zwischen den Blindgeborenen oder in den ersten Monaten nach der Geburt Erblindeten und den in der Kindheit und Jugend Blindgewordenen finden sich besonders bei der anbefohlenen Aufmerksamkeitsmimik. Bei ersteren ist die Contraction der Stirnmuskeln und der Orbiculares palpebrarum (auf Geheiss) stets sehr schwierig und die der Supraciliarmuskeln unmöglich. Bei letzteren ist die selbst isolirte Contraction der Frontales und Orbiculares immer möglich, wenn auch in manchem Falle schwierig, die Contraction der Supraciliares ist ebenfalls fast immer, manchmal sogar isolirt möglich.

Die Behauptung Birch-Hirschfeld's wird durch meine Beobachtungen theilweise bestätigt. Auf Grund dieser können wir nun unsere Kenntnisse von der Denkmimik der Blinden vervollständigen.

Es ergiebt sich aus meinen eigenen Beobachtungen und

aus denen eines Blindenlehrers am Sct. Alexius, die er mir freundlichst mittheilte, dass alle Blinden bei Schmerz und Zorn regelmäßig die Muskeln des mimischen Aufmerksamkeitscentrums zusammenziehen, es scheint jedoch, dass dies weniger intensiv und weniger vollständig geschieht als bei normalen Personen. Erwägt man nun, dass auch während spontaner oder natürlicher Aufmerksamkeit bei den Blinden vereinzelte Contractionen der drei Muskeln des mimischen attentiven Centrums stattfinden, so kann man mit Recht schliessen, dass bei ihnen diese Muskeln regulär entwickelt und zu regelmässiger automatischer Contraction fähig sind. Da hingegen bei der auf Geheiss erfolgenden Aufmerksamkeitsmimik die Action des mimischen attentiven Centrums und besonders die der Supraciliares sich als absolut unzureichend erweist, so ist zu schliessen, dass bei den Blinden und noch mehr bei den Blindgeborenen die sogenannte willkürliche Mimik des Denkens nicht normal entwickelt ist.

Auf neurologische Begriffe übertragen und nach der im Cap. II von mir gegebenen Auffassung würde das heissen, dass bei den Blindgeborenen das mimische Centrum im Thalamus gut entwickelt ist, ungenügend hingegen die Differenzirung der Thalamus-Rindenprojection der drei mimischen Muskeln der oberen Gesichtshälfte und besonders des Supraciliaris. Ich habe nach meinen Erfahrungen Grund zu der Annahme, dass es bei geduldiger Anwendung der von mir als Runzelimitation bezeichneten Methode auch bei Blindgeborenen gelingen würde, eine Contraction der Supraciliares auf Geheiss zu bewirken. In diesem Falle ergäbe sich, dass die Tastvorstellung der Contraction dieser Muskeln mittelst Association das motorische Rindencentrum des Facialis erregt und von hier aus die Erregung direct zum Facialiskern längs der Rinden-Bulbärbahn geleitet würde. Erst später, wenn die Bahnen zwischen der Rinde und dem Thalamus und zwischen diesem und der directen Rinden-Bulbärbahn entwickelt wären, würde der Blinde jene Plasticität der automatischen und halbwillkürlichen Bewegungen erlangen, die den normalen Personen eigen ist, bei denen die Rinden-Thalamusbahn und Rinden-Bulbärbahn in

dem ordnungsmässigen Vonstattengehen der Denkmimik zusammenwirken.

Bezüglich der nichtunterrichteten Blinden ist es gewiss,
dass die letztere ungenügend entwickelt ist oder vielmehr, wie
natürlich, die Mimik des optischen Typus fehlt. Der Ausdruck
des Aufmerkens und Denkens entspricht bei ihnen, wenigstens
theilweise, dem extrasensoriellen Typus. Es dürfte schwer
halten, zu bestimmen, in welchen Muskeln bei Blinden der
wesentliche und ursprüngliche Ausdruck des Denkens zu suchen
ist; man müsste hierzu viele von Geburt an völlig blinde Personen
untersuchen. Wahrscheinlich fehlt bei ihnen eine eigentliche
kinetische Mimik des Denkens und ist dafür vielmehr die
Spannung der hinteren Kopf- und Halsmuskeln in Rechnung
zu setzen, die sie zuweilen bieten, vielleicht auch eine gesteigerte Tonicität der Muskeln des Gesichts. Bei den Blinden
also dürfte, mehr als bei Normalen, die Aufmerksamkeit an
Bewegungshemmung und gesteigerten Muskeltonus gebunden
sein.

4. Geisteskranke.

Die mimischen Anomalien der Geisteskranken wurden von
Morison, Krauss, Marshall, Laurent, Piderit, Sikorski, Meynert, Tebaldi, Morselli eingehend studirt,
dabei aber vorzugsweise der affective Ausdruck berücksichtigt.

Pierret*) suchte 1887 in den mimischen Anomalien der
Irren diagnostische Anhaltspunkte, beschränkte sich aber auf
den Nachweis der Steigerungen und der Abweichungen an
dem dreifachen Schema Humbert's und Superville's, welches
mit kurzen Strichen das physiognomische Schema der Freude,
der Traurigkeit und der Ruhe darstellt (siehe Fig. 17). Eine
Steigerung des Ausdrucks der Ruhe soll der Demenz entsprechen, bei welcher demgemäss eine arme intellektuelle
Mimik, eine Hypomimie vorhanden sein soll.

Es giebt, bemerkt Pierret, Irre, deren Geisteszustand
auf alle Denkvorgänge hemmend wirkt; es sind die Stuporösen
mit starrem Ausdruck, mit Amimie.

---

*) In seinen klinischen Vorträgen von 1887, cit. Pautet, op. cit.

Morselli*) versuchte einige der von Darwin, Wundt, Piderit und Mantegazza gelehrten biologischen und psychologischen Grundsätze des Ausdrucks auf die mimischen Vorgänge bei den Geisteskranken anzuwenden. Dass die Psychiatrie davon einen Vortheil haben würde, zeigt besonders ein Umstand. Manche Geisteskranke bieten Haltungen, die nur mittelst des Wundt'schen und Mantegazza'schen Princips verständlich sind, wonach die Ausdrucksbewegungen der Seelenzustände geregelt werden durch die Association analoger Empfindungen (achter Grundsatz bei Morselli). Wir sehen z. B. einen Geisteskranken mit geschlossenen Augen und gerunzelten Augenbrauen; er kann nun in diesem Moment sich gegen einen starken Lichtreiz schützen oder eine Gesichtshallucination haben oder von einem seelischen Schmerz gequält sein. Desgleichen kann ein Irrer, der zu frieren scheint, sich in einem ängstlichen Zustand befinden u. s. f. (Morselli).

Was uns hier interessirt, findet sich in dem 2., 4. und 7. der Morselli'schen Grundsätze. Sie mögen im Folgenden mitgetheilt sein.

Bei manchen Geisteskranken sind nur die elementaren, den organischen Bedürfnissen entsprechenden, reflectorischen Gesten und mimischen Bewegungen erhalten. In solchen Fällen ist die Auflösung der Persönlichkeit weit vorgeschritten; es handelt sich um den apathischen Blödsinn oder um eine tiefe Bewusstseinstrübung, um Stuporzustände. Hier wäre der so heftig bekämpfte und kritisirte Darwin'sche Satz anwendbar, dass die Reflexmimik aus der Verknüpfung zweckmässiger, durch Vererbung innerhalb der Species übertragener Gewohnheiten stammt (Morselli).

Es giebt Irre mit spärlichen, rudimentären mimischen Reactionen; es handelt sich dann um angeborenen oder erworbenen geistigen Defect. Hier würde der Satz Mantegazza's passen: der Ausdruck ist um so reicher an mimischen Elementen, je intensiver und sinnlicher der ihm entsprechende psychische Akt.

---

*) Morselli, Handbuch der psychiatrischen Diagnostik. Bd. II, pag. 231.

. Andere Geisteskranke verrathen durch ihren Ausdruck — eine Art Hypermimie — die krankhafte Steigerung ihrer Vorstellungsthätigkeit. Von einer optischen Vorstellung beherrscht, zeigen sie die Mimik der optischen Aufmerksamkeit, mit einer Gehörsempfindung befasst, die der acustischen. Denn nach Wundt und Piderit stehen die mimischen Bewegungen in directer Abhängigkeit von den sinnlichen Vorstellungen. Dies trifft bei hallucinirten und manchen deliranten Kranken zu.

. Gewisse psychische Schemata, wie die körperliche Intraspection oder Concentrirung des Denkens auf einen Theil des Körpers (somatopsychische Gedankenrichtung Wernicke's), die psychische Intraspection (autopsychische Gedankenrichtung Wernicke's), der extraspective Wahn und das metaphysische Delir wurden kürzlich von Vaschide und Vurpas*) illustrirt. Diese Autoren hatten zuvor**) einen Fall von Verneinungswahn beschrieben, um den dabei beobachteten Gesichtsausdruck darzustellen. In den der Arbeit beigegebenen Photographien zeigt die Kranke jedoch eher eine schwache Aufmerksamkeitsmimik, während sie im Begriff ist, die eigenen Hände zu analysiren. Sie wird dagegen intensiver und nimmt gleichzeitig einen schmerzlichen Zug an, als sie mit der linken Hand gegen die Wange gestützt und mit gesenktem Kopfe in ihre Gedanken oder besser in ihre innere Selbstanalyse vertieft ist.

So oft ich Gelegenheit hatte, Geisteskranke länger zu beobachten, habe ich es nie unterlassen, über ihre Denkmimik Notizen zu machen und eine kleine Untersuchung anzustellen. Dabei kam ich zu folgenden Resultaten.

Beim Stupor giebt es zwei Arten von Amimie: eine durch mehr oder weniger vollständige Erschlaffung der Muskeln des Antlitzes bedingte — Stirn glatt, Lider leicht gesenkt, Nasenlippenfalten verstrichen, Unterkiefer hängend. Diese Art erinnert an die Miene bei Pseudobulbärparalyse.

---

*) Vaschide et Vurpas, La logique morbide. Paris 1903.

**) Vaschide et Vurpas, Di alcune attitudini caratteristiche d'introspezione somatica patologica, Rivista sperimentale di Freniatria, 1901, fasc. 1.

Bei der anderen Art stuporöser Amimie, die zuweilen als hypersthenische bezeichnet wird, ist die Gesichtsmuskulatur abnorm stark angespannt; der stuporöse Mensch ist im Ganzen starr und unbeweglich. Dies ist das gewöhnliche Verhalten bei der Katatonie.

An diesen beiden Typen erkennt man leicht die beiden mimischen Grundtypen, die ich auf der Basis von in der mystischen Litteratur und in der Kunst gesammelten Dokumenten an der Mimik der Ekstatischen beschrieben habe.

Es sei noch eine andere Analogie gestattet. Wie der Weg zur Ekstase durch den Affekt oder durch die associative Thätigkeit führt, so zum Stupor entweder durch ein melancholisches Stadium oder durch eine directe Störung der intellectuellen Fähigkeit, z. B. durch die juvenile Demenz. Der Stupor kann sowohl durch einen psychischen Schmerz wie durch eine intellectuelle Hemmung bedingt sein. Die Mimik ist in beiden Fällen identisch.

Die eigentliche Verschärfung der Denkmimik, ohne Dazwischentreten starker affectiver Elemente, findet sich im chronischen Wahnsinn, bei Paranoischen, welche die Verstandeskranken sind im Gegensatz zu den melancholischen oder manisch-depressiven Kranken, den Gemüthskranken. Bei den Paranoischen kommt zuweilen eine Steigerung der sinnlichen Aufmerksamkeitsmimik vor; es sind die vom Beachtungswahn ergriffenen. Sie beschäftigen sich mit der Umgebung, die sie verstehen wollen; sie spioniren beständig und in manchen Perioden der Krankheit ist ihre Analyse der Aussenwelt ganz ruhig, wie bei jedem beliebigen Beobachter. Setzt der Irre die äusseren Vorgänge in Beziehung zu seiner Person, so steigert sich der Affektzustand und die Aufmerksamkeitsmimik verwandelt sich in die des Verdachts, der Furcht und Drohung; aber es giebt Zeiten, in denen man leicht den Paranoiker und Paranoiden in wirklicher objectiver Erfassung der Aussenwelt antreffen kann und dann verräth sein Gesicht die klare und fast heitere Bethätigung der Aufmerksamkeit.

Eine eigenthümliche Beobachtung hatte ich kürzlich zu machen Gelegenheit. Sie betraf einen Jüngling, Sohn einer Hysterika und eines Alkoholisten, aber frei von deutlichen somatischen Degenerationszeichen; er litt an der hebephrenen Form der D e m e n t i a p r a e c o x. Als Kind war er gelehrig und intelligent. Er besuchte die Schule ohne sitzen zu bleiben bis zur vierten Gymnasialklasse. Mit 9 Jahren schien er einen Krampfanfall gehabt zu haben. Mit 14 Jahren fiel er unter seinen Gefährten durch ticartige Bewegungen des Gesichts und der Schulter auf, in der Familie durch Extravaganzen und durch Reimen und Recitiren sinnloser Gedichte. Mit 15 Jahren kam er in die fünfte Gymnasialklasse, aber der Lehrer bemerkte bald, dass der Knabe unfähig war, aufzumerken, den Gegenständen des Unterrichts angemessen zu folgen und auswendig zu lernen. Ich sah ihn im folgenden Jahre und zu einer Zeit als die Familie sich darüber betrübte, dass der Knabe imbecill, dumm, heftig und furchtsam geworden war. Er bot in der That die Symptome der Hebephrenie. Ich fand keine Störungen in der psychomotorischen Sphäre, keine Tics, keine Grimassen, keine katatoniformen Haltungen. Das Gesicht erschien vielmehr schlaff; der Mund wurde meist etwas offen gehalten; auf der Stirn oder an den Augen keine Falte während meiner Explorationen, auf die er nur mit wenigen Worten, aber zutreffend antwortete. Das ganze Antlitz dieses Knaben verrieth eine apathische Ruhe. Die elektrische Erregbarkeit der mimischen Muskeln erwies sich normal; die Contraction der Frontales, Supraciliares und Orbiculares palpeprarum gelang leicht. Ich versuchte dem Kranken verschiedene mimische Bewegungen zu suggeriren und forderte ihn auf, sie mir nachzuahmen, besonders die Runzelung der Augenbrauen. Es gelang leicht, er war aufmerksam genug, nur spontan interessirte er sich für nichts. Er war also sicherlich fähig, auf Geheiss sein mimisches Aufmerksamkeitscentrum in Action zu setzen. Nachdem ich mich dessen versichert hatte, begann ich ihm zu suggeriren auf meine Worte sehr genau aufzupassen, mit Aufmerksamkeit zu lesen, liess ihn oft das Gelesene auswendig sagen und gab ihm Rechenaufgaben. Einige Versuche gelangen wohl bis zu gewissem Grade, aber niemals sah ich dabei das mimische Aufmerksamkeitscentrum in Action treten. Die Versuche wurden oft wiederholt, um jeden Zweifel zu beseitigen. Dieser Knabe war also fähig, die mimischen Muskeln der oberen Gesichtshälfte rein reflectorisch und auf Geheiss (willkürliche Bewegung) zu contrahiren, aber nicht bei spontaner Thätigkeit seiner natürlichen Aufmerksamkeit.

In den letzten Jahren habe ich bei vielen Dementen, bei Paralytischen, secundär, senil und vorzeitig Verblödeten Beobachtungen über die Denkmimik gemacht. Es zeigte sich bei ihnen in unwiderlegbarer Weise, dass sie sehr arm und ungenügend ist. Ich sah vorzeitig Verblödete, die in der Erregung regelmässig alle mimischen Muskeln contrahirten, aber bei der natürlichen wie der Versuchsaufmerksamkeit blieb das Gesicht träge und ausdruckslos. Bei jammernden paralytisch Dementen befindet sich die obere Gesichtshälfte in beständiger mimischer Thätigkeit; aber jedesmal, wenn ich sie in Zeiten der Ruhe versuchte zur Bethätigung der Aufmerksamkeit zu bringen (Horchen, Rechnen, Auswendiglernen), sah ich nur sehr selten und flüchtig eine deutliche Contraction des mimischen Aufmerksamkeitscentrums.

Dieses Verhalten ist übrigens ganz natürlich.

Die ausserordentliche Zartheit der mimischen Muskeln, die sehr feine Innervation ist der Grund des schnellen und fortschreitenden Verfalls des Ausdrucks bei Dementen, auch wenn man nicht an die Möglichkeit von Störungen und Unzulänglichkeiten der mimischen Coordination im Thalamus und in der Rinde denken will. In letzterem Falle begreift man leicht, dass die Einrichtungen für die Denkmimik eher und leichter vernichtet werden als die nur für die reflectorische Mimik bestimmten.

Bei Dementen, besonders epileptischen und paralytischen, erscheint ziemlich häufig auch eine Form von Dysmimie, die in dem gleichzeitigen Auftreten gegensätzlicher Ausdrucksbewegungen besteht. In der Abbildung einer Paralytischen der Sammlung Duprés[*] zeigt die Kranke, trotz deutlicher melancholischer Züge, eine lächelnde Miene.

5. Idioten und Schwachsinnige.

Aus den eben bei den Dementen genannten Gründen er-

---

[*] Ballet, Traité de Pathologie mentale. 1903, pag. 956.

klärt sich auch die geringe Ausdrucksfähigkeit der Idioten und Schwachsinnigen. Bei der Demenz ist es vorwiegend die Krankheit, welche die Mimik stört, bei den Schwachsinnigen die Agenesie, die mangelnde oder ungenügende Entwicklung der nervösen Apparate der Denkmimik.

Ich habe ca. 100 Schwachsinnige, meist Kinder von 7 bis 12 Jahren, aus zwei von mir geleiteten Instituten und aus meiner Privatpraxis untersuchen können und die Momentaufnahmen von 70 derselben studirt. Ich will mich nicht in langen Beschreibungen von Einzelheiten ergehen, sondern kurz die Resultate meiner Beobachtungen mittheilen.

Man muss zunächst die Schwachsinnigen in zwei Klassen unterscheiden, die tiefstehenden Idioten und die eigentlichen Schwachsinnigen (Halbidioten, Schwachbefähigten). Während diese, bei der natürlichen wie der experimentellen Aufmerksamkeit, eine im Vergleich zu derjenigen gleichaltriger gesunder Kinder schwache Mimik zeigen, fehlt den Idioten im Allgemeinen die eigentliche sensorielle Aufmerksamkeitsmimik (von Reflexion ist bei den Idioten nicht zu sprechen). Das mimische Aufmerksamkeitscentrum ist ganz unthätig, sowohl unter natürlichen Verhältnissen wie beim Versuch. Es war vorauszusetzen, dass wo die Funktion, d. h. die Aufmerksamkeit und Intelligenz fehlt, deren mimisches Organ nichts zu thun hat.

Das Gegentheil ist bei genialen Personen der Fall. Piderit*) prüfte eine grosse Zahl von Porträts hervorragender Männer: Hippokrates, Littré, Gladstone, Blumenbach, Locke, Beethoven, J. Müller, Franklin, Pirogoff u. s. w. und fand bei allen die Contraction des Supraciliaris durch die beiden senkrechten Falten in der Gegend der Glabella ausgeprägt und gleichzeitig eine Senkung der Augenbraue.

Bei Idioten, auch erwachsenen, ist die Runzelung der Augenbraue selbst bei Einwirkung äusserer Reize, von Licht, Geräuschen, üblen Gerüchen, viel seltener und schwächer.

In ähnlicher, nur mehr summarischer Weise wie bei den Blinden stellte ich bei den Schwachsinnigen Versuche an. Von 35 Kindern mit erheblichem und mittlerem Schwachsinn konnten

---

*) Op. cit.

nur 5 den Stirnmuskel auf Geheiss und durch Nachahmung der vom Untersucher vorgemachten Bewegung dauernd contrahiren. 8 vermochten dies nur mit grosser Schwierigkeit und für wenige Secunden. Die anderen waren dessen nicht fähig. Den Supraciliaris konnten nur 4 der genannten 5 Kinder auf Geheiss contrahiren und von diesen vermochten zur Noth 2 ihn dauernd und ohne gleichzeitige Action des Stirnmuskels oder des Orbicularis palpebrarum zusammenzuziehen, obgleich sie sämmtlich dabei den Spiegel zu Hilfe nahmen. Die Mehrzahl war dessen, trotz aller Mühe, nicht fähig; der Frontalis,

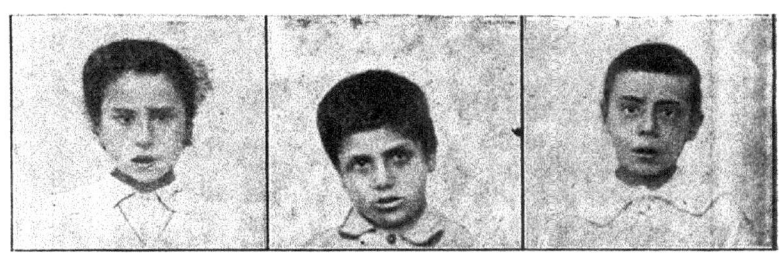

Fig. 39.   Schwachsinnige in optischer Aufmerksamkeit.   Mund halb offen.

der Orbicularis palpebrarum und sogar die Muskeln des Augapfels traten in Funktion. Manche benahmen sich ganz wie wenn sie Lähmung des obern Theils des Facialis hätten und das Bell'sche Symptom nachahmten.

Man kann daraus schliessen, dass bei schwachsinnigen Kindern der Stirnmuskel und der Supraciliaris auf reflectorischem Wege, durch äussere Reize, wohl contrahirt werden kann, nicht so leicht aber bei spontaner und Versuchsaufmerksamkeit oder auf Geheiss, auch wenn in letzterem Falle geeignete Hülfsmittel benützt werden. Durch Uebung erhält man indess bessere Resultate.

Bei den Schwachsinnigen wiederholt sich also die bei den Blinden beobachtete Erscheinung, aber bei ihnen muss sie sicherlich auf complicirtere organische Ursachen zurückgeführt werden.

Es giebt jedoch eine Categorie von Schwachsinnigen jeden Grades, bei denen wegen gewisser Läsionen in der motorischen Sphäre die Aufmerksamkeitsmimik besondere Abweichungen zeigt. Es wurde schon erwähnt, dass bei manchen Idioten mit greisenartigen Runzeln diese durch langjähriges Grimassiren, Tics und andere abnormen Bewegungen entstanden sein können. Hier handelt es sich wirklich um Deformationen der Aufmerksamkeitsmimik. Ich will nur einige der interessanteren Fälle anführen, und solche, bei denen die Deformation durch

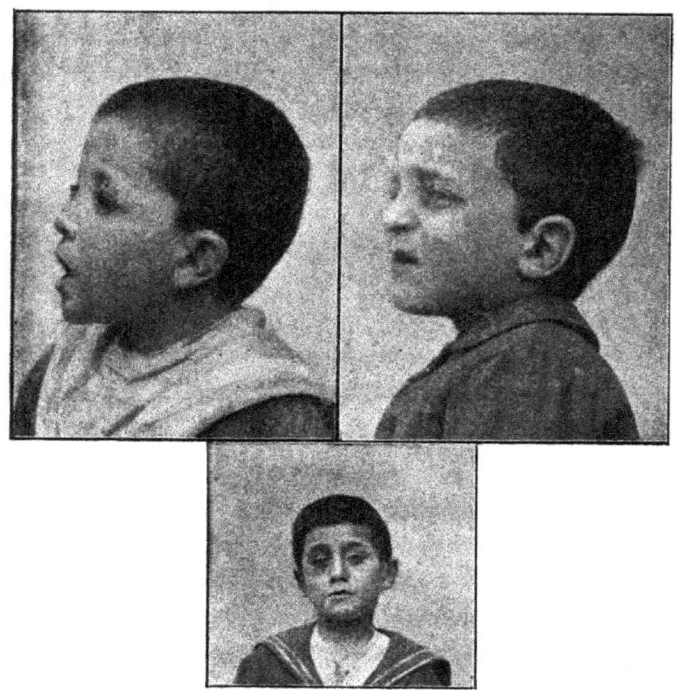

Fig. 40. Schwachsinnige in optischer Aufmerksamkeit; mimische Abweichungen. Beim ersten (von links aus) ist der Mund ganz weit geöffnet, beim zweiten der für üble Geruchswahrnehmung charakteristische Ausdruck, beim dritten (unten) einseitiges Blinzeln vorhanden.

Chorea und gewöhnliche Tics verursacht war, weglassen.

Drei hatten athetoide Bewegungen der Gesichtsmuskeln, einer beiderseitig, zwei einseitig. Diese steigerten sich und waren bei einem überhaupt nur sichtbar im Zustand der optischen und acustischen Aufmerksamkeit und bei geistiger Thätigkeit (Abschreiben, Rechnen, Auswendiglernen). Man konnte stets gerade aus der Stärke dieser abnormen Bewegungen erkennen, ob diese drei Kinder aufmerksam oder zerstreut waren,

in der Zerstreutheit oder besser beim diffusen Denken
schwanden sie. Die Stirn glättete sich alsdann und der Blick
wurde ganz ausdruckslos.

Wenigstens 10 jener Schwachsinnigen waren mit einer
Schwäche des rechten oder linken Facialis nebst Armlähmung
oder Arm- und Beinlähmung behaftet; daraus entsteht eine
halbseitige mimische Schwäche. Bei keinem war sie so erheblich, um das Gesicht in der Ruhe deutlich asymmetrisch erscheinen zu lassen; dagegen kam sie zum Vorschein, wenn

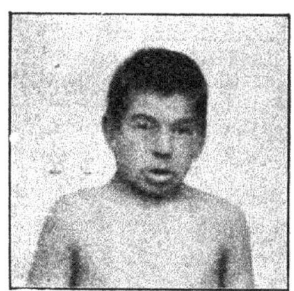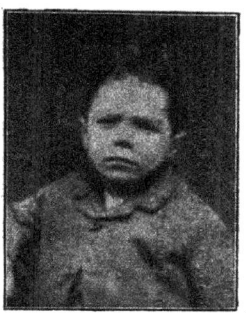

Fig. 40 a, b.
Myxödematöse Kinder in optischer Aufmerksamkeit. a, Myxidiot; Betheiligung der mimischen Mundzone; b, Myxinfantilismus; Betheiligung des
mimischen Aufmerksamkeitscentrums.

ich die Kranken zum Aufmerken veranlasste, dann trat die
geringere Energie des Nervus facialis der gelähmten Seite klar
zu Tage; die Augenbraue konnte nicht wie auf der gesunden
Seite erhoben werden, die Hautfalten der Stirn waren oberflächlicher, die Runzelung der Augenbrauen war schwierig, ja
sogar auf beiden Seiten unmöglich.

Bei drei schwachsinnigen Kindern mit anscheinend normalen Bewegungsorganen, in Wirklichkeit aber mit leicht-
angedeuteten Formen der cerebralen spastischen Diplegie behaftet, fand ich, dass sie jedesmal, wenn sie sich anschickten
eine meiner Fragen zu beantworten, solche Grimassen zogen,
dass oft wahre mimische Contraste und ganz sonderbare
Dissociationen des Ausdrucks zu Stande kamen, flüchtige
gemischte Ausdrucksformen der Aufmerksamkeit und des
Schmerzes, von Unbehagen und Lust; oder Überraschung in

11*

der Augenzone, völlige Ausdruckslosigkeit in der Mundzone; hier Zorn, dort Sarkasmus, sardonisches Lächeln. Diese abnormen Gesten, welche an die bei manchen diplegischen Idioten beobachtete perverse Mimik*) erinnern, verminderten sich im Allgemeinen mit der Dauer der Exploration; sie schienen entweder durch die Anstrengung bei der Aufmerksamkeit oder durch die Gemütserregung bedingt zu sein.

Bei einem wohlerzogenen Kinde mit sehr schwerem Tremor des Kopfes und des ganzes Körpers beobachtete ich Folgendes. Als ich mit ihm Aufmerksamkeitsversuche vornahm, wurde

Fig. 41. Moralisch schwachsinniger Knabe in optischer Aufmerksamkeit. Während er sich in völliger Ruhe befindet, drückt sein Antlitz Überraschung und Wildheit aus.

der Tremor anfangs stärker und das Mädchen schien sich zu fürchten, hatte einen schmerzlichen Ausdruck; nach und nach als sich die Aufmerksamkeit zu fixiren begann, nahm der Tremor ab und der Körper wurde unbeweglich. Alsdann stand der Kopf fest, die Augen waren weit geöffnet wie bei Ueberraschung, die Stirn ganz glatt und der Mund klaffte bei schlaff herabhängendem Unterkiefer. Sie zeigte gleichzeitig die Mimik des Stupors und der Ekstase, eine asthenische Hypomimie.

Dr. Monasterio berichtete in seiner schon citirten Studie über eine sehr merkwürdige Beobachtung. Der grösste Unterschied zwischen der Aufmerksamkeitsmimik schwachsinniger **) Kinder und normaler soll nach ihm darin bestehen, dass bei Versuchsaufmerksamkeit die ersteren zahlreiche abnorme Bewegungen am ganzen Körper bieten, während bei den Normalen

---

*) Freud, Die infantile Cerebrallähmung. Wien 1897, pag. 122.
**) der Hilfsschulklasse.

fast völlige Unbeweglichkeit herrscht. Auch fand er bezüglich der Thätigkeit der mimischen Muskeln, dass sie bei den normalen Kindern fast gleich Null war, während bei den schwachsinnigen flüchtige oder andauernde Contraction der Corrugatores supercilii und zuweilen der Stirnmuskeln statthatte.

Diese Resultate widersprechen keineswegs, wie es auf den ersten Blick scheinen könnte, meinen Beobachtungen, denn es lässt sich nicht leugnen, dass Monasterio bei seinen Ver-

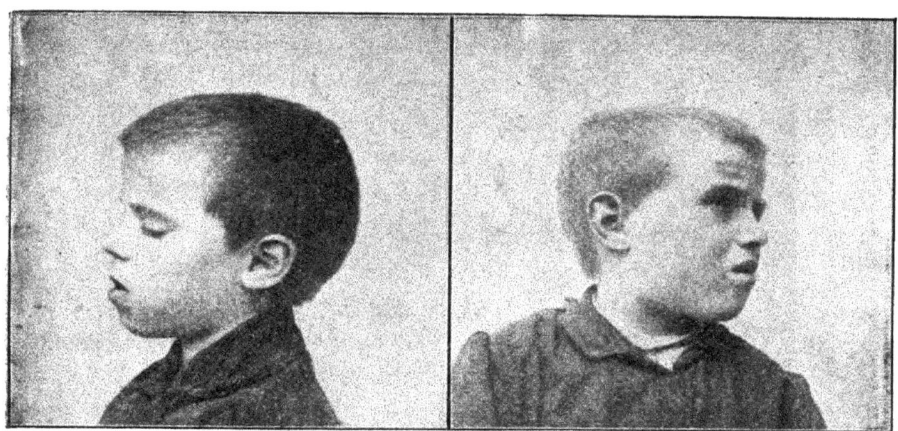

Fig. 42. Schwachsinniger. Links in indifferentem Zustand; rechts in optischer Aufmerksamkeit. Hier ist die Mimik deutlich schmerzlich, als wollte sich der Knabe gegen zu grelles Licht schützen.

suchen die experimentelle Aufmerksamkeit benutzte. Sie wollen daher weiter nichts besagen, als dass Schwachsinnige leichten und mittleren Grades bei der experimentellen Bethätigung der sinnlichen Aufmerksamkeit (Lesen) oder der inneren (Rechnen, Auswendigsagen) an der Gesichtsmuskulatur die Zeichen von Anstrengung, am Gesicht und ganzen Körper starke und mannigfache mimische Irradiationen zeigen. Und dies Alles weist schliesslich auf eine motorische Incoordination. Sind nun die oben genannten Dissociationen und mimischen Contraste etwas Anderes als solche Bewegungsincoordinationen?

Wir wollen uns hier nicht länger mit der Beschreibung der vielerlei mimischen Irradiationen des Gesichts und des Körpers verweilen, die sowohl Monasterio bei seinen Versuchspersonen, wie ich bei meinen Untersuchungen gefunden habe. Auf sie beziehen sich einige der nebenstehenden Figuren. Nur möchte ich zu der Fig. 44 einige Bemerkungen machen, weil bei diesem degererirten, an epileptischem Schwachsinn und Gehirnlähmung leidenden Mädchen nicht bloss eine Irradiation, sondern eine wahre Verschiebung des mimischen Aufmerksamkeitscentrums vorhanden ist. Runzelung der Augenbrauo sah ich bei ihr nie. Die sensorische Aufmerksamkeit, die einzige deren sie, noch dazu in beschränktem Maasse, fähig ist, drückt

Fig. 43. Hochgradig Schwachsinnige (Idioten) in optischer Aufmerksamkeit. Die attentive Mimik verräth beständig Lust.

sich nicht in der mimischen Augenzone aus, sondern, wenn sie eine Person oder einen Gegenstand anblickt, wird die Mundzone in Function gesetzt und die Lippen bilden oft einen Trichter, wie es die Photographie zeigt. Eine ganz ähnliche Geste beschrieb Darwin bei einigen Primaten.

Die Thätigkeit der mimischen Mundzone und besonders die Contraction des Musculus orbicularis labii beim Aufmerken erscheint ziemlich häufig auch bei gesunden Individuen und ich habe dies selbst gesehen. Preyer erklärte es damit, dass alle Thiere zuerst ihre Aufmerksamkeit auf die Erlangung der Nahrung richten, und dieses Verlangen verbindet sich mit einer überwiegenden Thätigkeit des Mundes und seiner Umgebung. Es entsteht daher eine Verbindung zwischen den frühesten Bewegungen des Mundes und der Aufmerksamkeitsbethätigung.

Ich will diese Erklärung Preyer's nicht discutiren; denn ich bin weit davon entfernt, in der trichterförmigen Haltung der Lippen ein sicheres Zeichen des prähumanen Atavismus zu sehen. Jedenfalls aber bildet diese so charakteristische Geste eine sehr seltsame Anomalie der attentiven Mimik.

Es ist den Psychophysiologen wohl bekannt, wie wichtig die Function des Muskelsystems auch für die geistige Entwicklung ist. Die physische Erziehung der normalen und der zurückgebliebenen Kinder stützt sich heutzutage auf diese Auf-

Fig. 44. Schwachsinnige (hereditär degenerirt ; Gehirnlähmung, Epilepsie, Idiotie) in optischer Aufmerksamkeit.

fassung. Die Muskelübung ist ein sehr mächtiger Erreger aller Funktionen, durch die wir zur Aussenwelt in Beziehung treten. Der Muskelsinn, der sich durch Uebung erheblich verfeinert, wird zur Kraftquelle für alle sensorischen und psychischen Funktionen.*) Ch. Féré**) zeigte, dass die Kraft und Feinheit der Bewegungen zur Stärke der Vorstellungen dieser Bewegungen und zur geistigen Entwicklung im Verhältniss stehen.

---

*) Cfr. Demoor, Bericht, erstattet dem Congress für physische Erziehung zu Paris 1900.

**) Cfr. Ch. Féré, Sensation et mouvement, und seine Mittheilungen an die Société de Biologie zu Paris in den letzten Jahren.

Ich habe jedesmal, wenn ich bei schwachsinnigen Kindern die Aufmerksamkeitsmimik beobachtete oder experimentell untersuchte, diese Dinge besonders ins Auge gefasst. Eines Tages bemerkte ich, dass eines der Kinder, das ich wiederholt auf Geheiss die Supraciliar- und Frontalmuskeln contrahiren liess, ein gewisses Vergnügen bei dieser Uebung empfand und während es anfangs ungeduldig, unaufmerksam und unstet war, nun eine gewisse Festigkeit der Haltung und eine grössere Fixirung der Augen, schliesslich eine, wenn auch noch bewegliche und unbeständige Aufmerksamkeit zeigte. Das schien mir natürlich, da ich aus langer Erfahrung wusste, wie nützlich für die Entwicklung der Aufmerksamkeit zurückgebliebener, undisciplinirter und überregsamer Kinder die unter der Leitung eines geschickten und energischen Lehrers ausgeführten rhythmischen, körperlichen Uebungen sind. Aber spätere Wahrnehmungen haben mich von einer Thatsache überzeugt, die für die Heilerziehung nicht gleichgiltig ist und die ich hier nur in einer kurzen Formel mittheilen will. Die methodischen Uebungen der mimischen Muskeln der oberen Gesichtshälfte, — auf Geheiss, mit Zuhilfenahme des Spiegels und unter Benutzung des selbst bei schwachsinnigen und degenerirten Kindern gut entwickelten Nachahmungssinns wiederholt ausgeführt —, bilden ein unmittelbar wirksames Mittel, die Aufmerksamkeit zu fixiren, und ein höchst zweckmässiges und erziehliches Spiel, die Entwicklung dieser Funktion anzuregen.

Ich habe kürzlich ein ermuthigendes Resultat bei einem 6jährigen Kinde gesehen, das bis zur Anwendung meiner Methode nicht fähig gewesen war, länger als einige Secunden still zu halten und an einem Spiel theil zu nehmen. Dieser Knabe, welcher in mittlerem Grade schwachsinnig war und Zeichen von spastischer, doppelseitiger Gehirnlähmung und Unruhe in den Gliedern hatte, zeigte vom ersten Tage (Uebung von einer Minute Dauer) lebhaftes Interesse an dem Spiel, meine Gesichtscontractionen (optische Aufmerksamkeitsmimik) nachzumachen und mit dem Spiegel die eigene imitirte Geschicklichkeit zu controlliren. Die nachfolgenden Uebungen waren von längerer Dauer; bei der fünften, die 6 Minuten dauerte, erzielte ich, dass das Kind mit gerunzelter und gesenkter Augenbraue eine Froebel'sche Aufgabe machte.

Diese Methode 'könnte die unerwünschte Wirkung haben, aus den Schwachsinnigen Grimassenschneider zu machen, doch hängt es von der Fähigkeit und dem Scharfblick dessen, der diese Uebungen leitet, ab, eine solche Gefahr zu vermeiden. Ich behaupte, dass eine Methode, welche bezweckt, bei Zurückgebliebenen die Aufmerksamkeit durch Uebung der Muskelwerkzeuge letzterer zu fördern, nur eminent rationell sein kann. Man erinnere sich des schon von Maine de Biran und von Maudsley aufgestellten Satzes, dass die Ausdrucksbewegungen, auch die künstlich erzeugten, die entsprechenden psychischen Zustände hervorzurufen vermögen; man erinnere sich an die zahlreichen, von den französischen Aerzten im Gebiet des Hypnotismus gemachten Beobachtungen und man wird sich überzeugen, dass auch bei theoretischer Betrachtung die von mir vorgeschlagene Methode Anspruch auf Beachtung seitens der Psychologen und Pädagogen hat.

Nachtrag und Zusammenfassung.

Mit dem Studium der Anomalien und der Pathologie der Mimik des Denkens findet die Anwendung der wissenschaftlichen Methode auf unseren Gegenstand ihren Abschluss. Wir können nun die allgemeinen Gesichtspunkte zusammenfassen, obgleich ich mir nicht verhehle, dass die gesammelten Documente nicht alle von gleichem Werthe und nicht zahlreich genug sind.

Besitzen wir über die Mimik des Denkens, ein bisher in der Litteratur fast garnicht vertretenes Thema, kaum berührt von einem Psychologen, jetzt nach meiner Arbeit eine solche Summe von Kenntnissen, dass sie einer zukünftigen Lehre als Unterlage dienen wird? Ich möchte nicht wagen, es zu behaupten; des Gewissen giebt es noch zu wenig und des Wahrscheinlichen und Unbekannten zu viel, und vor Allem ist die vergleichende Physiologie des Ausdrucks der Aufmerksamkeit noch spärlich.

Ich glaube jedoch, dass meine Arbeit nicht umsonst gewesen sein wird, da wir nun die Elemente für die Beantwortung zweier fundamental wichtiger Fragen besitzen.

1. Findet das Denken wirklich einen specifischen Ausdruck auf dem menschlichen Gesicht und welches ist dieser?

2. Wie entsteht und entwickelt sich diese Ausdrucksform?

Es lässt sich mit Sicherheit behaupten, dass das Denken auf dem Antlitz des erwachsenen Menschen einen bestimmten Ausdruck, d. h. einen von dem der Gemüthsbewegungen verschiedenen, besitzt. Mögen sich auch die Anhänger der Emotionslehre dagegen sträuben, welche behaupten, dass auch die Mimik des Denkens im Grunde ein emotiver Ausdruck, eine Mimik des intellectuellen Gefühls ist; nichtsdestoweniger besteht das Faktum, dass die Bethätigung der Aufmerksamkeit und der eigentlichen Intelligenz sich durch eine specifische, sichtliche und erkennbare Miene auf dem Antlitz des Denkers bekundet.

Es wäre nicht exakt, zu sagen, dass der intellectuelle Ausdruck besondere Muskeln besitze; gleichwohl steht es ausser Zweifel, dass er beim erwachsenen Menschen seinen Sitz hauptsächlich in der mimischen Augenzone hat und auf der Thätigkeit der drei Hautmuskeln dieser Augenzone beruht. Und man kann getrost hinzufügen, dass von den drei Muskeln, welche nicht nur phylogenetisch sondern auch ontogenetisch eine viel weitere und mannigfachere funktionelle Bedeutung als die des Gedankenausdrucks haben, einer ganz besonders für diesen hohen Zweck bestimmt ist, nämlich der dünne Musculus superciliaris. Das doppelte Schema von Duchenne, wonach es einen Muskel für die Aufmerksamkeit (den Frontalis) und einen für die Reflexion (den Orbicularis superior palpebrarum und Superciliaris) giebt, kann man meines Erachtens auf ein einfaches reduciren. Das Schema des Denkausdrucks besteht in der Thätigkeit der Musculi superciliares, während alle übrigen Gesichtsmuskeln in Ruhe oder besser in ihrer gewöhnlichen Tonicität verharren, was zu seiner Unterscheidung vom Schema des Zorns dient. Der Superciliaris würde also, wie Duchenne' sagte, zur Gruppe der vollständig expressiven Muskeln gehören. Aber natürlich handelt es sich um ein Schema!

Es wäre ein grosser Irrthum, zu behaupten, dass der Superciliaris ausschliesslich dem Ausdruck des Denkens diene. Er ist vielmehr, wie die übrigen mimischen Muskeln, wenn man es so bestimmt sagen darf, für einen ganz anderen Zweck als den eben genannten geschaffen. Bekanntlich ist der Superciliaris bei den höheren Thieren, bei den Kindern und bei den niederen Menschenrassen gut entwickelt; er tritt in Thätigkeit, wenn zu viel Licht in unsere Augen fällt, wenn man in der Nähe des Feuers arbeitet (Piderit), bei Kurzsichtigkeit oder gewissen Erkrankungen des Sehorgans; er contrahirt sich bei Missstimmung, Zorn, Traurigkeit, obgleich alsdann seine Thätigkeit mit derjenigen anderer Hautmuskeln des Gesichts verbunden ist.

Man könnte sagen, dass er erst nach seiner ursprünglichen Aufgabe, das Sehorgan zu schützen, für den Ausdruck von Gemüthszuständen zur Verwendung kommt und erst nach diesem zweiten und höheren Zweck zum Ausdruck des Denkens bestimmt ist.

Beim Musculus superciliaris könnte man drei Funktionsstufen unterscheiden; auf seiner höchsten macht er sich unabhängig von den übrigen Muskeln und selbständig. Kann man bestreiten, dass die senkrechten Stirnfalten, und nur diese, den Denkarbeiter kennzeichnen? Charles Bell hat mit Recht diesem dünnen Muskelbündelchen die grösste Bedeutung beigemessen, als er, in der Meinung, dass er bei den Thieren fehle und ausschliesslich dem Menschen eigen sei, nur seine dritte Funktionsstufe, die jüngste und vornehmste, in Betracht zog.

In der That erfüllt der Superciliaris, als Denkausdrucksmuskel, eine evolutive, ontogenetische Aufgabe, und zwar unter allmählicher Uebertragung seiner Thätigkeit von der Mimik des Schmerzes auf diejenige der geistigen Arbeit.

Aber wie konnte diese Uebertragung erfolgen?

Darwin gab folgende Erklärung bezüglich der Runzelung der Augenbraue. Bei den Kindern ist der wichtigste Ausdruck der während des Schreiens zu Tage tretende; jede unangenehme Empfindung ruft Schreien hervor, und dieses ist von einer Contraction der Augenbraue begleitet. Durch Erblichkeit hat sich schliesslich diese Contraction mit jeder schmerzlichen oder unangenehmen Empfindung eng verknüpft und demzufolge erhielt sich diese Gewohnheit im reifen Alter. Weinen und Schreien werden mit den Jahren bemeistert, nicht aber die Runzelung der Augenbrauen. Darwin selbst giebt noch eine andere Erklärung. Die Runzelung der Augenbrauen war stets eine Abwehrbewegung gegen übermässige Lichteinwirkung und diente zur besseren Erkennung von Gefahr oder Beute aus der Ferne; daher die Gewohnheit der Runzelung beim Aufmerken und bei angestrengtem Denken und Handeln. Nach Darwin also würde sich jene Uebertragung durch die

erste seiner Ausdrucksprincipien, d. i. durch die **Verknüpfung**
zweckmässiger Gewohnheiten, vollziehen.*)

Getreu dem Grundsatz, niemals Theorien oder Voraus-
setzungen zu Liebe die Thatsachen zu opfern, lege ich auf die
Anwendung dieser **Darwin**'schen Lehre keinen grossen Werth.
Im Laufe meiner Arbeit habe ich zwar öfter von **Verknüpf-**
ung von Gewohnheiten gesprochen, obgleich mir die
Kritik wohl bekannt ist, die **Wundt** und Andere an dieser
Phrase und ihrem Inhalt geübt haben. Jedoch wollte ich sie
nur auf Vorgänge beim einzelnen Individuum anwenden, während **Darwin** damit fast ausschliesslich ererbte Gewohnheiten
bezeichnete.

Ich komme weiter unten auf diesen Punkt zurück.

Wenn die erste Erklärung **Darwin**'s der Wirklichkeit
entspricht, wenn also die Runzelung der Augenbraue ursprünglich der Mimik des Schmerzes zukommt und nur durch Uebertragung der Funktion auch dem Ausdruck des Denkens dient,
so liegt die Annahme nahe, dass zwischen den beiden psychischen Zuständen, die in der Thätigkeit des selben Muskels
ihren Ausdruck finden, eine gewisse Analogie verhanden sein
muss. Das entspricht der **Wundt**'schen Lehre von der **Ver-**
knüpfung analoger Empfindungen oder derjenigen
Piderit's, welche lautet: die Muskelbewegungen des Ausdrucks beziehen sich auf imaginäre Sinneseindrücke. In der
That, Aufmerken und Nachdenken kostet Mühe, und Mühe ist
Schmerz. Man stelle sich vor, dass die Gewohnheit des
Denkens auf dem Antlitz seine charakteristischen physiognomischen Spuren eingräbt und man wird die Denkerphysiogno-
mie haben, aber auf diesem von dem Licht der Intelligenz so hell
bestrahlten Gesicht ist leicht auch der Ausdruck des Schmerzes
zu lesen. Man könnte vielleicht sagen, dass die Physiognomie
der Denker, vom biologischen Standpunkte, nichts Anderes als
das **Widerstreben gegen den Schmerz** ausdrückt. Es ist
ein Ausdruck von Kraft, es ist die Psyche, welche ihre höchste

---

*) **Mantegazza** (op. cit. pag. 265) hält dagegen die Runzelung der
Augenbraue für einen Sympathievorgang durch Contiguität; für ihn hat er
dieselbe Bedeutung, wie „das weite Oeffnen der Augen, wenn wir ein
schönes Gedicht lesen hören“.

Aufgabe der organischen Vertheidigung, die Hut des Da-
seins, wie sie Sergi nannte, erfüllt. Der Pessimist würde
jedenfalls in diesem Ausdrucksverhältniss ein seiner Idee, dass
der Gedanke auch selbst Schmerz sei, günstiges Dokument er-
blicken!

Und nun zur Beantwortung der zweiten Frage.

Die Mimik des Denkens hat thatsächlich eine Entstehung
und Entwicklung, die wir jetzt erforschen und verfolgen können.

Die Gesichtsmuskeln machen im Allgemeinen eine morphologische Entwicklung durch, von den niederen Thieren zu den
höberen, von den Primaten zum Menschen, vom Fötus zum
Erwachsenen, vielleicht auch vom Wilden zum civilisirten
Menschen. Diese Entwicklung ist jedoch im Besonderen für
die Muskeln des mimischen Aufmerksamkeitscentrums
nicht nachgewiesen. Hier fehlt daher die exakte morphologische
Parallele jener functionellen Entwicklung, die meines Erachtens
die Mimik des Denkens zeigt.

Wir haben gesehen, wie die Aufmerksamkeit bald in der
mimischen Ohrzone, bald in der des Mundes, bald endlich in
der des Auges zum Ausdruck kommt. In diesen verschiedenen
Lokalisationen der Mimik nun scheint sich ein Entwicklungs-
process wiederzuspiegeln. Wir sahen, wie die Ohrzone besonders bei den Thieren, z. B. den Pferden und Hunden, thätig
ist, die Mundzone bei denselben Thieren und oft, wenn auch unter
anderer Bewegungsform (offenstehender Mund), bei dem Aufmerken der Kinder und Schwachsinnigen. Die ausschliessliche Thätigkeit der mimischen Augenzone stellt den höchsten
Grad der Entwicklung in der Aufmerksamkeitsmimik dar; sie
findet bei erwachsenen und besonders intelligenten und an
geistige Arbeit gewöhnten Menschen statt; sie ist die diffe-
renzirte Mimik des Denkens.

Betrachten wir eine andere Gruppe von Thatsachen, so
bieten sich für die Entwicklung der Mimik des Denkens weitere
Gesichtspunkte. Bei den Thieren, wenigstens solchen, die weit
unter dem Menschen stehen, wie bei manchen degenerirten
Menschen existirt keine Denkmimik; sie vermengt sich mit der
emotiven; die Aufmerksamkeit ist an starke Affektäusserungen
gebunden. Wir können uns vorstellen, dass dies die erste Phase

in der Entwicklung der Denkmimik oder ihr phylogenetischer Ursprung ist.

Das Hauptmerkmal dieser primitiven Mimik ist gegeben durch ihre Verbreitung über den ganzen Körper, welche beweist, dass die affektiven Elemente über die gedanklichen überwiegen. In einer späteren Phase der Entwicklung nimmt der Ausdruck der Aufmerksamkeit seinen besonderen bestimmten Weg und beschränkt seine Wirkung auf ein kleines Feld. Nun merkt man nicht auf, denkt, beobachtet man nicht mehr mit dem ganzen Körper, sondern nur mit den Muskeln des Kopfes, später nicht mehr mit allen Muskeln des Kopfes, sondern nur mit denen des Gesichts und schliesslich mit denen einer begrenzten Gesichtszone.

Diese letzte Entwicklungsstufe, die höchste, ist also gekennzeichnet durch eine stärkere Beschränkung und genauere örtliche Begrenztheit der mimischen Bewegung.

Der Uebergang von der emotionellen Mimik zu der des Denkens wird also bestimmt durch die Einengung des mimischen Feldes und ihre Centralisirung an einer gewissen Stelle der oberen Gesichtshälfte (mimisches Aufmerksamkeitscentrum).

Wenn ich nicht irre, giebt es noch ein drittes allgemeines Merkmal, das bald zu erörtern ist. Bei der emotionellen Mimik herrscht die umfassende und intensive Bewegung vor (Attraction und Repulsion); die Emotion ist selbst eine Bewegung, wie schon das Wort sagt. Bei der Mimik des Denkens überwiegt hingegen die Unbeweglichkeit oder vielmehr das Bestreben nach dieser. Dieses Merkmal bedarf jedoch einer eingehenderen Besprechung, weshalb weiter unten noch von ihm die Rede sein soll.

Die Entwicklung der Denkmimik, wie ich sie gezeichnet habe, findet ihre Bestätigung in den pathologischen Vorgängen, die in Cap. 7 ausführlich dargestellt wurden. Hier genügt es, an die mimischen Irradiationen an Rumpf und Gliedern zu erinnern, die zwar auch bei normalen Personen leicht anzutreffen, aber besonders bei manchen abnormen und kranken Personen deutlich ausgesprochen sind und, in einigen Fällen wenigstens, eine Rückkehr zur Diffusion der mimi-

schen Bewegung bilden dürften; und an die Hypomimie
der Aufmerksamkeit bei Dementen und Idioten, welche
andererseits eine sogar excessive emotive Mimik zeigen können.
Auch die Verschiebung der intellectuellen Mimik innerhalb und ausserhalb des Gesichts und schliesslich der
von mir als extramimisch bezeichnete Aufmerksamkeitsausdruck des Denkens bei den Blinden könnten als
Wiederholung von niederen Entwicklungsstadien der Denkmimik gelten.

Was die Bildung und Entwicklung der letzteren in onto-
genetischer Richtung betrifft, so glaube ich sicherere Dokumente
beigebracht zu haben.

Beim neugeborenen Kinde treten die Muskeln der Augenzone, die bei schmerzhaften Erregungen irgendwelcher Art
zugleich mit den übrigen Muskeln des Gesichts sich zusammenziehen, auch isolirt in Thätigkeit und zwar auf reflektorischem
Wege und zum Zweck organischer Abwehr unter dem Einflusse optischer Reize (Repulsionsbewegung nach Meynert).
Da sich die Reize mehren und beständig an Intensität wechseln,
contrahiren sie sich dann auch, um das Sehorgan schwachen
Reizen anzupassen (Auswahl zweckmässiger Reize, Attrac-
tionsbewegung nach Meynert). Dies sind diejenigen
Muskeln, welche späterhin das mimische Aufmerksamkeitscentrum bilden.

Das, was also den Ursprung der definitiven Denkmimik
darstellt, ist die Reaction zur Vertheidigung des Organismus
gegen übermässige Reize und die Anpassung zwecks Aufsuch-
ung der nützlichen und angenehmen Reize. Die Denkmimik hat also ihren Ursprung im Sinnlichen.

Zufolge Verknüpfung durch Gewöhnung wieder-
holt sich dieselbe grundlegende Mimik auch bei starker Erregung der übrigen Sinne, wenigstens des Gehörs und des
Tastsinns. Unter unaufhörlicher Wiederholung der Reize oder
der Sinnesempfindungen und unter fortgesetzter, immer besserer
Anpassung der Organe wird die Mimik allmählich coordinirter
und verliert ihre anfängliche Ungemessenheit.

Wenn sich das Bewusstsein und die Fähigkeit zu inneren
optischen und acustischen Vorstellungen entwickelt, findet,

anstatt dass in der Kindheit eine besondere Mimik entsteht, welche die analytische Arbeit an den eigentlichen psychischen Phänomenen verräth, eine neue Anpassung der optischen Mimik statt vermöge einer neuen Verknüpfung durch Gewöhnung.

Zu diesem Zeitpunkte ist die innere active Aufmerksamkeit, das eigentliche Denken entwickelt und mit ihm sein motorischer Ausdruck, der nicht merklich von der optischen Mimik verschieden ist. Darwin hat daher mit bewundernswerther Exaktheit darauf hingewiesen, dass der Ausdruck der Reflexion derjenige des schwierigen Sehens, übertragen von den äusseren Objekten auf die immer schwer analysirbaren inneren Vorgänge, ist.

Auch die reflectorische optische Mimik des neugeborenen Kindes, für welches sie „del sovercchio visibile lima", „eine Schranke des übermässigen Schauens", wie Dante *) sagen würde, bekundet die Herkunft einer von mir schon angegebenen Besonderheit der Aufmerksamkeitsmimik beim Erwachsenen. In Fällen, wo bei letzteren das eine oder beide Augen halb geschlossen werden, was zuweilen, wie ich sagte, nicht nur bei der optischen Aufmerksamkeit, sondern auch ohne jeden Zweck bei intensiverem inneren Aufmerken und Nachdenken geschieht, kann man annehmen, dass diese Bewegung die Fortsetzung einer kindlichen Gewohnheit ist, die ursprünglich auf Milderung des Lichtreizes abzielte.

Der Ausdruck der Aufmerksamkeit beim Erwachsenen ist also nichts anderes als die Fortsetzung einer kindlichen Gewohnheit, nämlich der zweckmässigen Anpassung des Sehorgans an den Reiz. Diese Gewohnheit, die nur bei optischer Aufmerksamkeit von Nutzen ist, wird auch bei jeglichem Fehlen eines solchen, d. h. bei den übrigen Formen der sinnlichen und bei der inneren Aufmerksamkeit, bei der Reflexion beibehalten. Genetisch ist also aufmerken sehen und nachdenken sehen. Die Mimik der sensorischen Aufmerksamkeit und des Denkens ist im Wesen eine solche des optischen Typus.

---

*) Purgatorio, XV, v. 13.

Wenn diese meine Schlussfolgerung richtig ist, so haben wir einen neuen Hinweis auf die einschneidende Wichtigkeit der Sinne für die Entwicklung der Erkenntniss. Das Denken leitet sich von den Sinnen ab, wie sein mimischer Ausdruck von dem sensorischen.

Hiernach dürfen wir uns fragen, ob die Mimik des Denkens einen hereditären Untergrund hat, wie nach Darwin die emotive Mimik, oder ob sie, als Umwandlung des sensorischen Reflexausdrucks, grundsätzlich für eine individuelle Erwerbung gelten muss. Alle bisherigen Ausführungen und die Beobachtungen an Blinden scheinen für die zweite Annahme zu sprechen, welche ein Corollarium des Grundsatzes ist, den Piderit hinsichtlich des Ursprungs der Mimik aufstellte.*)

Neben den unbewussten und unabänderlichen Ausdrucksformen, welche Thiere und Menschen gemeinsam haben und für welche sicherlich das Vererbungsprincip Darwins gilt, giebt es unterbewusste Formen, die sich mehr oder weniger hemmen lassen; dies sind eben die mimischen Bewegungen des Gesichts einschliesslich derjenigen der Aufmerksamkeit. Für diese letzteren trifft meines Erachtens besonders die ontogenetische Erklärung Piderit's zu. Sehr mit Recht bemerkt Wundt*), dass die individuelle Entwicklung zu ihrer Disposition eine viel grössere Breite haben und gleichzeitig der hereditäre Determinismus zurücktreten muss.

Das Studium der Mimik vermag über die das Denken begleitenden physiologischen Processe manches Licht zu verbreiten. Wenn das dritte Merkmal der Denkmimik, die Neigung zur Unbeweglichkeit, sich bestätigt, so haben wir, glaube ich, ein Faktum von unbestreitbarer Wichtigkeit.

Das Denken geht meines Erachtens thatsächlich mit einer motorischen Hemmung einher, die Gemüthserregung hingegen mit Bewegung. Dem stehen scheinbar einige Momente entgegen: 1. Die Nothwendigkeit oder wenigstens Zweckmässig-

---

*) Piderit, Op. cit. Cap. I. H. V. Heller, in seinem neuen Werke: Grundformen der Mimik des Antlitzes, Wien 1902, nebst einem trefflichen Atlas, scheint die Ansicht Piderit's zu theilen und insoweit finde ich mich mit ihm in Uebereinstimmung.

*) Wundt, Physiologische Psychologie, 4. Ausgabe, Bd. II.

keit gewisser Bewegungen während des Denkens (Irradiationen des Rumpfes und der Glieder), 2. das bei der Mimik des Denkens schon erwähnte Spiel zweier contrastirender Tendenzen, nämlich zur Unbeweglichkeit (Stillhalten des Körpers, Kopfes und eines Theils des Gesichts) und zur Bewegung (Thätigkeit des mimischen Aufmerksamkeitscentrums). Bezüglich der grossen motorischen Irradiationen, die manche Personen zeigen, erinnere ich, dass es sich um Ausnahmevorgänge handelt, deren Erklärung schwierig und von Fall zu Fall verschieden ist. Andererseits könnte man entgegenhalten, dass geniale Denker das Gehen oder sonstige körperliche Beschäftigungen nicht lieben (Havelock Ellis) und dass zwischen Sport und geistiger Arbeit ein gewisser Antagonismus zu bestehen scheint (Ch. Féré).

Der zweite Einwand verdient jedoch eine längere Besprechung.

Vor allem ist zu unterscheiden die attentive und die intellectuelle Mimik. Bei ersterer ist die Bewegung vorhanden und unvermeidlich zur Anpassung des Sinnesorgans an das Objekt. Die Bewegung bezeichnet meines Erachtens die erste Phase des Aufmerksamkeitsakts; sie hat die Aufgabe, die zweite vorzubereiten und zu fördern, in welcher statt Bewegung Hemmung eintritt. In diese zweite Phase fällt die eigentliche intellectuelle Arbeit. Bei getheilter Aufmerksamkeit (mehrfacher Aufmerksamkeit Wolf's) kann die Bewegung noch mehr hervortreten, sodass die zweite Phase, die Hemmung, verborgen und verdeckt bleibt. Warum, ist leicht verständlich; bei getheilter Aufmerksamkeit sind die Akte des Aufmerkens so nahe aneinander gerückt, dass die Illusion gleichzeitiger Wahrnehmung mehrerer Gegenstände entsteht, daher sind auch die sensorischen Anpassungen vielfache und sehr schnelle; daher die typische Beweglichkeit des Kopfes, der Augen und der Physiognomie bei Leuten, die einer weitgehenden Theilung der Aufmerksamkeit fähig sind.

Diese Auffassung von der zweifachen Phase im Process des Aufmerkens gestattet den alten Streit über die motorische Theorie (Ribot) der Aufmerksamkeit selbst zu begreifen und beizulegen. Bekanntlich erachten manche Psychologen die Aufmerksamkeit als stets an Bewegung gebunden, andere dagegen leugnen dies und behaupten vielmehr, dass das Fehlen von Bewegung die Aufmerksamkeit charakterisirt. Nach meiner Hypothese würden beide Meinungen einen Theil der Wahrheit enthalten.

Aber wir haben gesehen, dass bei der intellectuellen Mimik (innere Aufmerksamkeit, Denken im engeren Sinne) auch Bewegung, wenn auch noch so schwache, stattfindet. Wie ist dies zu erklären und dieser Widerspruch mit dem oben Behaupteten zu verstehen?

Der Widerspruch ist nur ein scheinbarer. Zunächst findet auch beim Denken eine Anpassung und zwar, wie schon bemerkt, eine optische statt; daher ist die Annahme berechtigt, dass beim Denken wie bei dem sinnlichen Aufmerken eine erste, durch die, wenn auch unnöthige, Anpassung des Sehorgans charakterisirte Phase vorhanden ist. Ferner lässt sich nicht leugnen, dass beim Menschen, selbst dem intelligentesten, Aufmerksamkeit und Denken niemals frei von Emotion sind. Das Nebeneinanderbestehen der beiden Tendenzen, zur Bewegung und zur Hemmung, dürfte gerade, wenigstens theilweise, das nothwendige Zusammenwirken der emotiven und gedanklichen Elemente bekunden.

Man kann sich, wie ich glaube, vorstellen, dass, je freier von emotiven Elementen sich das Denken abwickelt, desto schwächer die Ausdrucksbewegung wird, und desto charakteristischer die Hemmung hervortritt. Die Bewegung, die erste Phase, die nichts Anderes als eine abgeschwächte optische Anpassung ist, dient zur Erleichterung der Unbeweglichkeit, der zweiten Phase. Zu dieser Reinheit und Einfachheit des Denkens gelangen sicher die Menschen nicht; aber man kann sich davon einen Begriff machen, wenn man sich das abstracte Denken, die tiefe Meditation, die buddhistische Ekstase gegenwärtig hält.

Während also die Denkmimik des erwachsenen Menschen das Spiel zweier Tendenzen, zur Bewegung und zur Hemmung, verräth, zeigt sie uns, dass das wahre, sichtbare Begleitzeichen des Denkens die Aufhebung der Bewegung, das Schweigen der Muskelthätigkeit ist.

Dies Ergebniss meiner Forschungen ist um so wichtiger, als es mit den neuesten und sichersten Untersuchungen über die Begleiterscheinungen der geistigen Arbeit übereinstimmt. Denn während der letzteren, sei es Rechnen oder Auswendiglernen, Beschäftigung mit einem wissenschaftlichen Problem oder eine Beweisführung, herrscht eine unverkennbare Neigung zur Einschränkung des respiratorischen und vasomotorischen Bewegungsumfangs. Es wurde bereits von einzelnen Psychologen beobachtet, dass beim Kopfrechnen die Muskeln zu erschlaffen und zu ruhen streben. Nicht von geringerer Bedeutung ist die von Vielen bestätigte Thatsache, dass bei jeder geistigen Vorstellung sich die Pupillen erweitern. Nebenbei bemerkt, geht daraus von Neuem hervor, dass zwischen der physischen Arbeit und dem, was wir geistige Arbeit zu nennen pflegen, ein grosser Unterschied besteht.

Ich wäre zufrieden, wenn diese Studie das bescheidene Ziel erreichte, das sie sich gesetzt hatte.

Ist es mir gelungen, mit physiologischer Genauigkeit die objektiven, spontanen Ausdrucksbewegungen nachzuweisen, an denen man die beobachtende und denkende Person erkennt? Wird speciell die Individualpsychologie und Psychopathologie aus diesem Buche die nothwendigen Regeln für eine wissenschaftliche und practische Analyse des intellectuellen Gesichtsausdrucks entnehmen können?

Wenn mir das, wie ich hoffe, geglückt sein sollte, so wird dieses Buch nicht nur für den Künstler, sondern für Alle von Nutzen sein, welche der modernen Kultur, die eine wissenschaftliche ist, nicht abhold sind.

Heynemann'sche Buchdr., Gebr. Wolff, Halle (S.)

Inhalt.

Lightning Source UK Ltd.
Milton Keynes UK
UKHW020431091218
333599UK00008B/831/P